# 一人道

Hitorido

斎藤一人

斎藤一人 著

マキノ出版

## 2日目

## イライラや不満を止める方法はありますか？……39

## 3日目

## 自分を信じるってどういうことですか？……61

## 4日目

## 5日目

## 自分の思いを人に伝える方法を教えてください……115

## 6日目

装丁　田栗克己　構成　古田尚子　編集　髙畑　圭

# そもそも、「一人道」ってなんですか？

はい、こんにちは。斎藤一人です。

この本のタイトルである「一人道《ひとりどう》」は、簡単にいうと「一人さん流の生き方」という意味です。

私は昔から、自分を幸せにすることを最優先に生きてきました。自分が幸せでいられたら、自然にほかの人も大切にできるし、みんなの幸せにつながるからね。

自分を幸せにできるから、人のことも幸せにしてあげられるのであって、自分にできないことは人にもできないんです。だから、自分の大切な人や困っている人を助けたいと思えばなおのこと、まず自分が幸せでなきゃいけない。

じゃあ、自分を幸せにするためにはどうするんですかって、遊ぶことなの。幸せって自分を楽しませることから始まるから、それこそ一人さんにとっては、遊びは命みたいなもの。

1秒たりとも自分につまらない思いをさせたくないから、ちょっと暇な時間があると、すぐハチャメチャな妄想が始まっちゃったりするんです（笑）。

仕事にしたって、私は遊びながら成功してきました。というか、遊ぶがごとく仕事をしたからこそ、成功できたんだよね。


そんな私の生き方に共感してくれた人たちからいろんな質問が寄せられるようになり、一人さん流に楽しくお答えしていたら、お弟子さんたちがこう言ってくれるようになりました。

「一人さんの考え方はどれも常識を超えていて、笑いながら学べます。しかも簡単で、やりさえすれば誰でも人生が変わる。この一人さん流の楽しい人生哲学を、〝一人道〟としてたくさんの人に伝えていきたいです」

一人さんってね、だいぶ不謹慎なお師匠さんなんです（笑）。なものだから、世の中の常識からすると「そんな考え方、アリなの!?」って驚かれることがたくさんあるんだけど。

でもね、**常識にとらわれすぎるから苦しくなるんだよ。**

私は、誰かを傷つけたり、法に触れたりしなければ、どんどん常識の枠を超えた考え方をしていいと思っています。根底に愛さえあれば、もっとみんな自由でいい。

そんな思いをあらためてみんなに伝えたくて、タイトルを「一人道」としました。

いろんな人から受けた質問を、この本では6日に分けて答えました。まるで質問の千本ノックです。一人さん流に言うのならば、「愛の千本ノック」だね（笑）。

最初から最後まで順番に読んでもいいし、目次を見て自分の気になった質問だけを読んでもいい。行ったり来たりしながら読んでもいい。自分の好きなように楽しんで読んでください。

じゃあ、今から始めるね。

題字　◎　斎藤一人

# 1日目

# 私も一人さんみたいに明るく楽しく生きられますか？

## 「私は何をやってもダメなんです」

日本は、世界でも圧倒的に真面目な人の多い国です。一度始めたことは最後までやり通さなきゃいけないとか、みんなに合わさなきゃいけないとか、仕事は休んじゃいけないとか……とにかくみんな真面目。

だから、ちょっと真面目から外れた人は目立ってしまいます。で、「なぜ私はこんなにダメなんだろう……」って自分を責めだすの。周りと自分を比べて、ものすごい劣等感を抱くんだよね。

だけど一人さんに言わせたら、あなたのその性質は単なる個性だよ。真面目じゃないのを悪いことだと思うから劣等感を生むだけで、そのままのあなたでいても困ったことは起きません。なまじそれを直そうとするから、逆に困ったことが起きるんだ。

あなたからすれば、真面目な人は「粘り強くて責任感が強い」っていういい面ばかり見えるかもしれないけど、真面目な人は真面目な人で、深く考えすぎちゃって大変なんです。嫌なことでも途中でやめられないから、苦しくてつらいの。

その点、**あなたは「飽きたらやめる」ってことが簡単にできる人だから、すごく楽に生きられる**よね。すばらしい個性なのに、なぜそれを直そうとするんだい？

今のあなたは、すでにじゅうぶん立派なのに、高望みしすぎなの。

そうやって自分を責めていると、どんどん苦しくなるよ。

あなたのすばらしさは一人さんが認めますから、安心して自信を持ってくださいね。

## 「仕事が忙しすぎて自分のことが何もできません」

自分に自信が持てない人は、周りの人のことが信じられないんです。「私のこと、そんなに好きじゃないでしょ？」「建前でつき合ってくれているんじゃない？」って相手を疑うんだよね。

でもそれって実は、相手を信用していないのではなく、あなた自身が自分のことを信じていないの。自分自身が、自分のことをいちばん疑っている。

よく「目の前にいる人は自分の写し鏡」と言われますが、まさにその通りなんだ。大切な人を信じたいのなら、まずは自分自身のことをちゃんと信じてあげること。自分を愛することから始めなきゃいけないの。

私は足が短いけど、親近感があってかわいいじゃない。

最近、物忘れがひどいけど、そういうスキがあるのもいいよね。

すぐ落ち込むけど、人の痛みもわかる性格なんだって思えば、それも悪くないなぁ。

……みたいな感じで、自分の欠点やらなにやらかにやら全部好きになれたら、人のこともゆるせるし、信じられるようになるよ。欠点だって、個性の一つだからね。

それと、自分を愛するって、楽しく生きなきゃいけないんです。

発展途上国で医師の仕事をしている人が、以前こんなことを言っていたんだけど。

「毎日、患者さんに少しでもよくなって欲しいという思いを支えにがんばっていますが、診察を終えると疲れ果ててしまい、自分のことが何もできません」

このかたはとても立派だけど、多分、人のことばかりかわいがって、肝腎の自分をかわいがっていないんだよね。だから疲れ果ててしまうわけです。

こういう人は、恋人を作るとか、浮気するとか（笑）、考えただけで楽しくなるような、ワクワクすることを生活に取り入れるといいよ。人助けに命を懸けるのはすごく立派だけど、立派だけでは、聞いているこちらまで苦しくなってくるんです。


立派に生きるのはすばらしい。

でもね、「立派で楽しい」は最高にすばらしい。

**立派であることの前に、まずは楽しむこと。楽しめば心にゆとりも生まれるから、どんなに忙しくたって疲れないんだ。**

自分を放っておいて、人にばかり親切にしすぎちゃダメだよ。自分にも同じくらい親切にしなきゃ、あなたがかわいそうだからね。

## 「人の幸せを素直に喜べないんです」

誰にでも、人を羨ましいと思ったり、妬んだりする瞬間があると思います。そうすると、みんなすぐ自分を器の小さいダメな人間だと思いがちなんだけど、そうじゃないんです。

人の幸せを素直に喜べないときはね、喜べないぶん、魂が成長しているの。喜べないこと自体が、魂の成長を意味しているんだよね。

だから、誰かを羨ましいと思ったときは「これで自分も成長するな」と思えばいいよ。自分を責める必要はないんだ。

**なんでもそうだけどね、とにかく気楽に考えること。**真面目な人は特に、いつも「気楽、気楽」って思いながら生きるといいですよ。

そんなに気楽ばかり意識していたら、とんでもなく不真面目になりませんかって、あなたはちょっと人に嫉妬したくらいで自分を責めるほど根が真面目なんだから、気楽に生きたって不真面目にはなりませんよ（笑）。

だから安心して気楽に生きてください。

一人さんはふとどき不埒《ふらち》を公言しているのですが、そんな私はこう見えて、すごく真面目で誠実なの（笑）。そのうえ楽しいことが人一倍好きで、自分で言うのもなんだけど、楽しいことをいっぱい知っているから女性にモテるんです（笑）。

「真面目で、誠実で、女性経験が豊富」

これが一人さんだよ。最高でしょ？（笑）

真面目や誠実と聞くと、世間では「堅物《かたぶつ》でおもしろくない」という先入観があるから、女性にモテそうにないイメージがあるよね。だけどそれって、真面目で誠実で重いからモテないだけなの。真面目や誠実なこと自体が嫌われるわけじゃないんです。

真面目で誠実な人が、たまにふざけたことなんかもして気楽に生きていたら、絶対モテるよ。こういう振れ幅の大きい人って一緒にいて楽しいから、モテないほうがおかしい。現に、一人さんがそうなの（笑）。

真面目なあなたが気楽に生き始めると、魅力があふれて、周りは絶対に放っておきません。そうすると、人間関係も仕事も断然うまくいき始めるから、そもそも人に嫉妬することすらなくなるんじゃないかな。

## 「心は常に心配事でいっぱいです」

真面目な人って、「抜かりはないかな？」「間違ってないだろうか？」って、いつも不安や心配にとらわれるんだよね。忘れ物をしていないか、ちゃんと戸締りをしたか、寝坊しないか、遅刻しないか……っていちいちビクビクする。そのことに疲れ、悩み始めるの。

だけど、**その心配性のどこが悪いんだい？**

心配性の人ってチェックが完璧だから、取り返しのつかないミスをしにくいよね。で、ほかの人のことも心配するから、勝手にフォローしてあげて、みんなに喜ばれる。すごくいい性格なの。

そう思って気楽に考えてごらん。

生まれ持った性格は、直そうとして簡単に直るものではありません。だとしたら、上手につき合っていくしかないよね。

もし、一つのことを何度も確認するのが疲れるなら、工夫すればいいだけなの。たとえば確認事項を紙に書いておいて、チェックするごとにマルをつけるとかね。そうすれば1回チェックするだけで済むから、その問題は解決するよ。

あとね、これは嫌味で言うわけじゃないのですが、こういう些細《ささい》なことで悩む人って、つまるところ幸せなの（笑）。朝起きられなくてどうしようとか、虫1匹やっつけるのに「殺生はダメだから」とかって、そんな小さなことが悩みになる幸せな人なんです。

世の中には、重い病気で苦しんでいるとか、自分の力ではどうにもならない悩みを抱えているとか、そういう人がたくさんいます。それに比べると、あなたの「寝坊したら……」なんて悩みはすごく幸せだよね。

そう思って、自分は幸せなんだなぁって思ってごらん。気が楽になりますよ。

## 「過去の自分の発言で悔やんでいます」

トラウマやうつ病、発達障害などを抱えていたり、引きこもりだったりすると、周りに合わせられなかったりして、自分を責める人がいるんだ。

こういう人って、それだけ人間性が豊かなんだよね。

今、心の病気を抱えているとか、過去に経験したことのある人は、ものすごく思慮深い人なの。

それから、同じ病気の人はもちろん、ほかのことでつらい思いをしている人に対しても、相手の気持ちをわかってあげられる優しい人なんです。

心の病気って、魂的な成長の一つなの。だからそれを悪く捉えないほうがいいし、その病気を通じて、自分はいろんなことを知ったんだと思うほうがいいよ。

でね、これは心の病気に関係なくみんなに当てはまることですが、たとえば人と会話をしているときに、ちょっと空気が読めなくて「あのとき、あんなことを言ってよかったかな?」「デリカシーに欠けた発言じゃなかったかな?」みたいに、後から気になることがあると思います。

そういうのが何度も積み重なって、人との会話が苦手になっちゃう人もいる。だけどね、**自分に完璧を求めすぎちゃダメだよ。**相手を傷つけたかもしれないと思うのなら、次から気をつけたらいいだけ。気がついたことは直せばいいんです。

言葉っていろんな表現ができるから難しく感じるかもしれないけど、そうやって表現の仕方を勉強することで、だんだん言葉の使い方もうまくなるんだよね。

そうしたら、また人との会話も楽しくなりますよ。ゆっくり学べばいい。

というか**人との会話って、笑顔で相手の話を聞いてあげたり、ちゃんと相槌《あいづち》を打ってあげたりすることのほうが大事なんだよね。**

どんな言葉を使うかというスキルも大事だろうけど、それだけで完璧になろうとしても苦しくなるだけです。

それよりも、まずは笑顔で相槌が打てたらじゅうぶんだし、それができる人には、自然と会話のスキルもついてくると思いますよ。

## 「仕事でしょっちゅう同じミスを繰り返します」

以前、こんな悩みを持った人がいたんです。

「私は昔から失敗が多く、仕事でもしょっちゅう同じミスをします。勘違いして、大事な予定や約束を忘れることもあります。幸い、最悪の事態を起こしたことはないのですが、少しでも失敗を減らすにはどうしたらいいでしょうか？」

こういう性質ってそう簡単に変わるものじゃないし、苦しくなるだけだから、直そうと思わないほうがいいよ。で、このまま小さなミスをしながら生きていても、こういう人はなんの問題もないからだいじょうぶなの。

なぜですかって、いままでその性質で大きな問題を起こすことなく生きてこられたわけだし、悩んでいるとはいえ、あまり深刻そうでもないからね（笑）。

仕事だって、クビになったわけじゃない。ということは、この人はそのままで愛されるってことなんです。じゃなきゃ、とっくに最悪の事態を起こしてるはずだよ。

多分この人は、ミスをしてもみんながカバーしてくれるんだよね。愛されているから失敗で人を激怒させることもないし、いつも誰かがさりげなくサポートしてくれているんだと思います。


はなゑちゃん（弟子の舛岡《ますおか》はなゑさん）がテレビで見た、ある若い男性の話なんだけど。

その人には障害があって、「それでもいいですよ」と言ってくれた社長さんの会社で働いているそうです。最初に障害のことをきちんと伝えているので、社長さんもほかの従業員たちに、「彼にはこういう、人とちょっと違った個性があります。何度も質問がくるかもしれませんが、その都度、やり方を教えてあげてください」と知らせることができて、周りから誤解されることもなかったんだって。

みんな彼の個性を理解し、配慮してくれるし、よい信頼関係が築けている。だから本人も仕事がしやすくて、「私はこの会社のために一生懸命働きたい。みんなの役に立ちたい！」ってすごく意欲的なの。本当に幸せそうなんです。

こういう場所が誰にでも必ずあるから、**自分の性質を変えようとするより、あなたのことを理解してくれる人のいる場所を探すことだよ。**あなたをいじめる人がいるような場所に、我慢してい続けちゃダメなんだ。

それとね、人に迷惑をかけるのはつらいって言うけど、むしろそうやって自分に厳しすぎるほうが周りは迷惑だよ。あなたが暗い波動（周波数）を出していると、その波動がみんなに伝染して、周りまで嫌なムードにしちゃうからね。

波動の力ってすごく大きいんです。

あなたの大切な人のためにも、もうちょっと気楽に考えな。

そのままでだいじょうぶですから、もっと楽しく生きてくださいね。

## 「人に頼み事ができません」

人に頼まれたことはサッと行動に移せるのに、なぜか自分は人に頼み事ができないという人がいるんです。相手に申し訳なくてお願いできないんだよね。

これも、自分に価値がないと思っているのが原因なの。

価値のない自分は、せめて人のお願いを聞いて役に立たなきゃいけないし、人にものを頼むなんて厚かましいっていう気持ちがどこかにあるんだと思います。

だけどあなたはそのままで価値があるし、すばらしい。自分のできないことは人に頼んでいいし、必要以上に申し訳ないと思う必要もないんだよね。

気軽に頼めば、相手だって気持ちよく引き受けてくれるはずだよ。

あなたが今、「なぜ自分は人に頼み事ができないんだろう」って悩んでいるのだとしたら、それはあなたの魂が「そろそろ乗り越えたい」と声を上げているんだよね。

**気楽に人に頼る、という修行の時期がきている。**

だったら一度挑戦してみてもいいいんじゃないかな。と一人さんは思うよ。

こういうのは魂的な挑戦だから、それを乗り越えることでものすごく成長するんだ。

もちろん、なかにはあなたの頼みを断ってくる人もいる。相手だっていつも余裕があるわけじゃないから、タイミングが合わないことだってあるよね。

そういうときはしょうがないし、あなたのことが嫌いで断っているわけじゃないから気にしなくていいんです。断られたら、余裕のありそうな人を別に探して頼めば済むことなの。

で、どう考えても意地悪で断られた場合は、「嫌なやつだな」と思って、その人とはつき合うのをやめたらいいんです。もっとひどい目に遭わされる前に気づけてよかったんだから、さりげなく離れて、もう近づかないようにしな。

## 「つい見栄を張ってしまいます」

世間では、調子に乗ったり、見栄を張ったりすることが悪いことのように思われています。でもね、人間ってそういう時期もあるんだよね。

調子に乗る必要がある時期には調子に乗るし、見栄が必要なときには見栄を張りたくなる。欲深さが必要になれば、欲深くもなるんです。そこから学ばなきゃいけない何かがあって、必要だから起きていることなんだよね。

調子に乗るとどうなるかを学ぶ。見栄を張るとどうなるか学ぶ時期なの。

そう思って、調子に乗ってしまう自分や、見栄を張りたい自分をゆるしてあげるんだよ。まだ学んでもいないのに、周りを気にして自分を押さえつけちゃダメなんです。

そもそも、見栄は間違ったことではありません。人は誰でもよく見られたいものだから、みんな大なり小なり見栄があるし、それでいいんです。

よく見られたいのは正しいことだから、それをやめちゃいけないの。

ただ、単に見栄を張るだけじゃ成長しません。じゃあどうするんですかって、見栄というごまかしではなく、実力をつけることだよ。**本物になる努力をすればいい。見栄を向上心につなげたらいいの。**

人からよく見られるのにふさわしい自分になる。そのための努力はすばらしいし、実力をつけるためにがんばるのが人生の楽しみだからね。これはやめちゃいけないよ。

女性だって、人から「きれいですね」って言われたらうれしいし、自分でもきれいなほうが楽しいから、化粧やおしゃれをするんだよね。で、もし「化粧をしたほうがブスになる」と言われたら、あなたの化粧の腕に問題があるんです（笑）。

化粧した顔が不評なら、化粧をやめるよりも、化粧の腕を上げることを考えたほうがいいよね。化粧をしてきれいになるのはいいことだから、技術を磨いて、うんときれいになりな。

きれいになりたい気持ちを止めなくていいのと同じで、調子に乗ったり、見栄を張ったりするのも悪いことじゃない。自分を磨いて、実力をつけるんだよ。

## 「自分はコンプレックスの塊なんです」

多くの人は、何かしら劣等感みたいなものを持っていると思います。経済的に恵まれていないとか、学歴がないとか、自分の外見にコンプレックスがあるとか、多かれ少なかれあるんじゃないかな？

一人さんはちょっと珍しいタイプなので、そういうのを感じたことはありませんが、たとえば私の場合、中学を卒業してすぐに社会に出たんだよね。なにしろ勉強が嫌いだったから、学校で授業を受けるのも苦痛でほとんど登校してなかったし、宿題なんて1回もしなかった（笑）。

でもね、私は自分に学歴がないことをコンプレックスに思っていないどころか、高校や大学に行かなかったから成功できたと思っているし、勉強嫌いで中卒だったことを笑い話にしているんだよね。

だから中卒という学歴は一人さんにとって強みになっているけど、学歴のことを隠そうとしていたら、これはたちまち弱味になります。

人間は完璧じゃないから、弱いところがいっぱいある。みんなそうだし、一人さんだって、勉強嫌いのほかにもかけっこが苦手だとか、体が弱くて病気ばかりしていたとか、いろいろあるんです。

それを恥ずかしいと思って隠したり、コンプレックスに感じて自分を卑下したりしていると、劣等感が大きくなるだけだよ。

それよりも、一人さんみたく「俺は中卒だからさ」って笑い飛ばしちゃえばいいの。失敗しても、「またやっちゃった～」って、笑って自己申告しちゃえばいいんだよね。

そうすると魂がぐんと成長して、人生がガラッと変わっちゃうんです。

もちろん、無理に全部さらけ出すことはないけど、ちょっと気弱な部分が減るだけでも気が楽になると思います。

**欠点というのは、自分が引け目に感じているからであって、笑い飛ばせるようになれば欠点じゃなくなるからね。むしろ、それが強みになって人生が開ける。**

それと、欠点を笑い話にすると、それを聞く人も楽しいの。みんなそういう話は大好きだから、自分の欠点を笑い飛ばせる人は人間関係も広がるし、じゃんじゃんチャンスも転がり込んでくるよ。

## 「他人の不満のはけ口にされちゃってます」

相談事を持ち込まれやすい人っているんです。それは、その人の魂が相談を受けられるレベルになっているという意味だから喜ばしいことなんだけど、なかには迷惑な相談者もいるんだよね。

相談に対するアドバイスをしても、言い訳ばかりでアドバイスを全然聞き入れないとか。こういう人は、失礼だけどエネルギー泥棒なんです。

本人は悩んでいると言うけれど、本当は大した悩みじゃないの。どうにもならないことを言って回りたいだけなんです。

ほかに悩みがなくて、何か一つくらい悩みが欲しいだけ（笑）。

だから、相手の言い訳や反論に振り回されちゃいけないよ。ああでもない、こうでもないっていう逃げ口上は、相手のワナだからね（笑）。

親切心でうっかり答えちゃうと「もっと、もっと」に引きずり込まれるよ。

不満のはけ口、つまり相手のグチの聞かされ役にされちゃダメなんです。

でね、そういう人があなたのところに近寄ってきたときは、**そこから何か学ばな**

**きゃいけないよっていうサイン**なの。

相手のペースに飲まれちゃいけないことを学ぶ。不満のはけ口にされないよう、断らなきゃいけない相手もいるということを学ぶときだから、重要な修行の一つだと捉えて、うまく断ることを学んでくださいね。

## 「仲違いしたまま逝った父のことで悩んでいます」

ある人が、お父さんと仲違いをしたまま死に別れたと悩んでいたんです。本当は、お父さんに謝って関係を改善したかったのに、なかなかすなおになれず先延ばしにしているうち、お父さんが亡くなってしまったと後悔しているんだよね。

自分のことを、親不孝で最低な人間だと思い込んでいた。

でもね、親は子どもを恨んだりしません。いつも子どものことを気にかけていて、幸せを願っているんです。それが親の務めなんだよね。

だから、亡くなる前に関係を修復できなかったとしても、**お父さんはあなたを責めたりしないし、亡くなった後もずっとあなたを見守っています。**

あなたが自分を責めていても不幸になるだけだから、そのほうがよっぽどお父さんは胸を痛めるだろうね。

もっと軽く考えて、幸せになりな。

それが、お父さんがいちばん喜ぶことだからね。

## 「一人さんみたいに明るく楽しく生きる方法はありますか」

一人さんは、落ち込んだことも、失敗したこともありません。そうすると、「どうしたら一人さんみたく、いつも明るく楽しく生きられますか?」と聞かれるんです。

その秘訣があるとしたら、私は常に楽しいことやくだらないこと、笑えることを考えているんだよね。旅行のこととか、女性のこととか(笑)。とにかく、自分が幸せを感じられるようなことを考えています。

なぜなら、私は不幸が心底嫌いだから。

一人さんにとっては幸せなのが当たり前だし、1分1秒でも、自分に不幸を味わわせたくない。だから、幸せを感じられるような思考が自然にできちゃうんだよね。

で、楽しいことばかり考えるのが難しい人は、まずは悲しいこと、つらいこと、苦しいことをできるだけ考えないようにするところから始めたらいいと思います。

不幸なことを考えながら幸せにはなれないから、**とにかくネガティブな思考に支配されない**ようにしなきゃいけない。


人間（動物）には、命を守るために強い恐怖心を抱く機能が備わっています。

命を脅かすような危険が迫ったときは、いち早く逃げなきゃいけない。だから、恐怖心や不安感を強く働かせることで、反射的に逃げられるようにインプットされているんです。

つまり、もともと幸福感よりも恐怖心のほうに傾きやすいのが人間なの。何もしないとネガティブな気持ちになりやすいし、怠け者はすぐ不幸になっちゃうんです。

その点、幸せは努力しないとなれないわけだけど、その小さな努力が続けられたら、人生はおもしろいくらい変わってくるんだ。

# 2日目

# イライラや不満を止める方法はありますか？

## 「がんばりが足りないと自分に不安になります」

ある人が、こんなことで悩んでいました。

「私はよくおもしろいことを言うほうだと思うし、周りからもそう思われているようです。それで幸せですが、ときどき、楽しいだけじゃなく、もっといろんなことをがんばらなきゃいけないのでは？　と不安になることがあります」

あのね、そんな不安はいりません（笑）。

今みたくおもしろいことを言いながら、楽しく生きていればじゅうぶんです。

ずっと幸せでいられるから、だいじょうぶだよ。

**楽しいって、最高なんです。**今、楽しく生きている人はそれ以上望む必要はないし、望んだとしても、それ以上の幸せはないの。だから、「これじゃ足りないんじゃないか」なんて思うほうが苦しくなるよ。

いくら上を目指したくても、最高より上はないからね。

富士山だって、頂上まで登ったらもうそれ以上は登れないでしょ？　頂上で「もっと上を目指さなきゃ」ってがんばっても、登る山がないんだからしょうがない（笑）。

それと同じで、楽しいって最高レベルなの。

でね、楽しく生きていれば、自然と「これに挑戦してみたい」「あれもおもしろそうだな」と思うことが出てくるものです。無理に「すべきことはないかな？」なんて探さなくていい。自分を追い詰めるだけだからね。

今、歩いている道が楽しければ、そのまま進めばいいよ。

その道こそが、あなたに最高のツキをもたらす幸運の道だからね。

## 「ちょっとした人のアラが気になるんです」

これも真面目な日本人にありがちなんだけど、人がちょっと間違ったことをしているとモヤモヤして、いてもたってもいられなくなるんだよね。人混みでタバコを吸って周りに迷惑をかけているとか、ゴミをポイ捨てするとか……。

自分がちゃんとしていればいるほど、人のアラが気になる。

そういうときはどうしたらいいですかって、一人さんだったら、思いっきりエッチなことを考えるね（笑）。


先にお伝えしたように、嫌な気持ちになりながら幸せにはなれません。

だから私は、**自分が不快になるような出来事に遭遇したときは、瞬時に自分がいちばん楽しくなることを考える**んです。

そうすると私の場合、不謹慎な想像をすることになる（笑）。

もちろんこれは一人さんのやり方だから、全員にエッチなことを考えなと言っているわけじゃないよ。私は不謹慎なことで幸せを感じるけど、あなたはあなたが楽しくなるようなことを考えたらいいですからね。

## 「体に悪いと思いながらもお酒をやめられません」

お酒が好きな人によくある話ですが、「飲みすぎは健康に悪いとわかっているのにやめられない」って言うんだよね。二日酔いになると、自己嫌悪に陥り「もうお酒はやめるぞ」と誓う。なのに、二日酔いが治るとまた飲んじゃう（笑）。

そんなにお酒が好きなら、無理にやめなくていいと思いますよ。

もちろん、体を壊すほど飲むのはよくないけれど、自分へのご褒美やリラックスのために、楽しく適度に飲むお酒ならいいよね。

**楽しいことは増やすのであって、やめちゃいけないんです。**

参考までに言えば、お酒が残りやすい人って、お水をしっかり飲んだほうがいいよ。体内でアルコールが分解されるときには大量の水分を必要とするから、お水を飲まない人は代謝が悪くなって、二日酔いになりやすいんです。

普通の人でも、1日に1・5～2ℓくらいは水分をとったほうがいいと言われていますが、お酒を飲む人は、もう少し多めに飲むといいんじゃないかな。

ポイントは、ジュースやコーヒーなどではなく、純粋なお水で補うこと。水道水でかまいませんので、まずは毎日、お水をしっかり飲んでみてください。

ちなみに、「お酒は水割りを飲んでいます」っていうのはダメだよ（笑）。そのお水はカウントされないからね。

あとは、お水をたくさん飲むと体内の塩分が失われやすくなるため、ミネラルの豊富な自然塩も適度にとるといいと思います。

それでもなお、お酒を飲んだ翌日に頭痛があったり、体がだるかったりする人は、やっぱり自分の許容量を超えて飲んでいるということだから、そういう場合はお酒を減らしたほうがいいと思います。

## 「イライラや不満が止まりません」

一人さんの教えを学んでいるのに、なおイライラや不満が止まりませんっていう人がいるんです。人間関係でトラブルが絶えないとか、幸せそうな人を見ると嫉妬で気が狂いそうになるとか、仕事がうまくいかないとかね。

それは何が原因かというと、**まだまだ遊びが足りていないんです。**

一人さんの教えを勉強してくれるのはうれしいけど、あなたに足りないのは、勉強じゃなくて遊びなの。

遊びが足りない人って、自分が楽しんでないから、人が楽しそうにしているのを見ると腹が立ったり苦しくなったりするんだよね。人のことがうらやましくてたまらないのは、あなたの魂がもっと遊びたがっている証拠なんです。わかるかい？

決して勉強が足りないわけじゃない。

だから、趣味でフラダンスを習うとか、映画を観に行くとか、友達と食事に行くとか、カラオケに行くとか、アイドルの追っかけをするとか、なんでもいいから自分が楽しくなることをしてごらん。もっと、じゃんじゃんバリバリ遊びな（笑）。

栄養の足りない人が体操したって、体が悲鳴を上げるだけで元気にはならない。

それと同じで、あなたには遊びという「魂の栄養」が足りないんです。

もう遊んでますって言うけど、あなたの魂はまだまだ栄養を欲しがっているの。

その程度の遊びじゃ、あなたの魂は満足しないいんだよね。

遠慮しないで、もっとふとどき不埒《ふらち》なことをしたほうがいいですよ（笑）。

そうすれば力が湧いて仕事だってうまくいくし、人間関係もスムーズになるから、周りの人にとってもありがたいことなんだ。

## 「父のような人しか好きになれません」

恋愛の話になると、「父親（母親）が早くに他界したせいで、私は父（母）のような人しか好きになれません」と言う人がいます。

もちろん、それでうまくいっているのなら問題ありませんが、実際のところ、親が早くに亡くなったからといって、親に似た人しか好きになれないなんてことはないよ。

あなたがそう思い込んでいるだけで、**ただの勘違いなんです（笑）**。

特に、父親（母親）の呪縛《じゅばく》から逃れられないとか、そういうネガティブなものを感じている人は、「これは勘違いなんだ」ということを知ったほうがいいと思います。


親が早くに亡くなっていれば、そりゃあ似た人を見ると懐かしく感じるよね。

でも、たいていは懐かしいだけで、その人じゃなきゃダメってことはない。

もしあなたの父親（母親）がずっと生きていたとしたら、思春期なんかには絶対、「うるせーオヤジ（オバサン）だな」って思ってたはずだよ（笑）。

子どもってそんなもんなの。

と思って、これからはいろんな恋をしてみるといいですよ。みだらな恋もすごく楽しいしね（笑）。気になる相手には、じゃんじゃんアタックしてごらん。

今のあなたが経験できるその人生は、たった1回きりです。

貴重な人生なんだから、勘違いなんかに振り回されないで、思い切り楽しむんだよ。

## 「どうすれば女性にモテるようになりますか」

「せっかくの人生だから、恋愛を楽しみたい。だけど、どうすれば女性にモテるのかわからないし、女性の気持ちもよくわかりません」

という男性がいたんです。一人さんみたく、女性にモテたいという話なんだけど（笑）。

これは残念なお知らせですが、モテる人は何もしなくたってモテちゃうんだよね。で、女性の気持ちがわかったって、モテない人はモテない（笑）。

それとね、これまで誰ひとりとして、女性にモテる研究で確かな結果を出した人はいないの。世界中どこを探しても、「これをやれば女性にモテる」という方法を知っている人はいません。

なぜかと言うと、人間はひとりひとり見た目も性格も違うから、同じことをしても違う結果になっちゃうんだよね。「この方法でだいじょうぶだ」と言われて実行しても、それじゃダメな人がたくさんいる。

だから、**モテたかったら、自分に合う方法を自分で探すしかありません。**女性にモテたいという気持ちはよいので、あとは自分で発見するんだね。

ちなみに一人さんの話をすると、自慢じゃないけど昔からよくモテるんです（笑）。女性にモテたくて苦労したことは1回もないんだよね。

で、私のお弟子さんなんかは、その理由を「一人さんの考え方はすごく魅力的だし、一緒にいるとおもしろくて楽しいし、常に笑わせてくれるから」と言ってくれるの。

そうするとね、モテない人ほど「どうしたら魅力的になれますか？」「女性を楽しませる方法は？」とかって、矢継ぎ早に質問してくるんだよ（笑）。

あのね、そういうところがモテないの（笑）。魅力のない人の特徴って、自分で挑戦しないで、全部人から聞いて済ませようとするんだよね。自分で考えようとしないの。

そういう意味でも、労を惜しまず自分で考えることだよ。

## 「好きな人がいるのに告白できません」

人に告白するって、すごく恥ずかしいよね。だから好きな人になかなか気持ちを伝えられない気持ちはよくわかるのですが、恋愛は、とにかく場数を踏んだほうがいいと思います。

告白して断られるのが怖いって言うんだけど、断られたからってあなたの値打ちが下がるわけじゃない。あなたは、たまたま相手の好みじゃなかっただけなの。

これは適当な数字だけど、たとえば10人にアプローチすると、そのうちひとりにOKがもらえるとします。だとしたら、早く10人に告白した者勝ちだよね。

どうせダメなら、早く断られて次を見つけたほうが効率がいい。

特に、一人さんみたく何人も彼女が欲しい人は、100人でも200人でもさっさと告白するの。そうすれば、あっという間に10人くらい恋人ができるから（笑）。

恋愛って簡単なんです。スピード勝負だから、行動が早ければいくらでも恋人はできるんだよね。

反対に、行動の遅い人はなかなか勝てない。結果的には、魅力のない人と同じなの。だから、**恋人が欲しい人はどんどん告白したほうがいいんです。**

それと、告白するときは深刻な顔をしちゃダメだよ。ポイントは、明るく、軽く。誰だって、明るく「好きです」って言われたらうれしいものなんです。言われて嫌な感じはしないいんだよね。

ただ、相手があなたを好みかどうかはまた別の問題だから、断られることもあります。でもね、明るく軽やかな告白だったら、その後気まずくなりにくいよね。また友達に戻ることができたり、親しい間柄で楽しくつき合えたりするの。

それを暗いムードで告白するとか、断られているのにストーカーみたくつきまとうとかするから相手に嫌われるんだ。

というかストーカーになる人って、好きな人をひとりに絞りすぎなんです。恋人が3～4人いれば、デートに忙しくてストーカーなんてやってる暇はなくなるよね（笑）。

で、まだ現実的に恋人がいないんだったら、「彼女（彼氏）が3人いたら……」って考えてごらん。それだけでも楽しいし、明るい気分になる。

エア恋人でもいいから、どんな状況でも楽しむんだよ。

## 「前の恋人がどうしても忘れられないのですが」

恋愛や結婚でひどい別れ方をしたり、嫌な目に遭ったりすると、次の恋に対して臆病になることがあると思います。誰だって傷つくのは嫌だから、臆病になる気持ちもわかります。

でもね、人生は車じゃないんだから、あんまり安全運転していてもおもしろくないよ。少しくらい傷ついても、新しい世界に飛び込んだほうが楽しいんです。次も失敗したっていい。また別れたっていいの。そのときは、別の新しいパートナーを探せばいいだけのことだよ。

それくらい、軽い気持ちでいいんです。

いちいち重く考えるから、臆病になっちゃうんだよね。

**「この人から学ぶことは全部終わったから、この関係はもう卒業するんだ」**

というくらいの感覚でちょうどいいの。

お互いにとって別れたほうがいいから、別れることになっただけ。そしてまた別の人と出会えば、今度はその人から学ぶものがあるということなんだよね。

そういうスタンスでいると、本当にいい人が出てくるものだよ。

もしなかなか出てこなくても、どんどん「次、はい次」って探せばいいだけで、なんの問題もないんだ。

## 「隣家で子どもが虐待されているようなのですが」

コロナ禍では、自粛生活のなかで子どもの虐待が増えているというニュースが流れて、一人さんにもそれに関する質問が寄せられました。

たとえば、「虐待かどうかまではわからないけれど、隣の家から毎日のように、親御さんの怒鳴り声や子どもの泣き叫ぶ声が聞こえてきます。どうしたらいいでしょうか？」という相談があって、こういう場合、一人さんから言えることがあるとしたら2つなんです。

まずは、虐待かどうかわからなくてもいいから、疑わしい場合は児童相談所に連絡をしてください。「こういう状況で心配だから、うちが通報したということは伏せて様子を見てあげてください」って。

親御さんもね、自分でエスカレートしていることに気づかないまま子どもを叱りつけていることがあって、そういう場合は、相談所の人が訪ねてきただけでハッと気づけるんです。だから、1回で変わっちゃう人もいるの。

本格的な虐待に発展する前に気づかせてあげられるなら、通報することもご近所さんへの愛だよね。

それともう一つは、**あなた自身がうんと幸せな波動を出すこと。**趣味に打ち込んだり、恋人を何人か作ったりして、毎日お隣さんにとことん幸せな波動を送ってあげるといいよ。

今の状態だと、お隣さんの暗い波動に、あなたのほうが引きずられているんだよね。

そうじゃなくて、こちらが相手を引きずってあげたらいい。あなたが隣に住んでいるだけで、お隣さんが激変しちゃうくらいのいい波動を出してあげな。

あなたがうんと楽しんで、その楽しいエネルギーがお隣さんに伝われば、状況は変わると思います。これも修行だと思って、お福分けしてあげるといいですよ。

# 「兄弟で私だけなぜか親からかわいがられません」

ときどき、「ほかの兄弟は親にかわいがられているのに、なぜか私だけかわいがられません。つらいです」という悩みを聞きます。親に愛されている実感がないと、自分には価値がないんじゃないかと不安になったり、自信をなくしたりするんだよね。

だけど、あなたはそのままでものすごく魅力があるし、愛される価値がある。


じゃあ、なぜ親御さんはあなたをかわいがらないのかというと、あなた自身が自分のことをかわいがっていないからだよ。

ズバリ言うけど、**あなたがいちばん、自分を粗末にしているんじゃないかい？**

自分を粗末にしていると、粗末な波動が出るの。するとその波動を受けた周りの人も、あなたに対して同じことをするようになるんです。

この子はかわいがらなくてもいいんだって、周りも思っちゃうんだよね。

試しに、ほかの兄弟をよく見てごらん。きっと、みんな自分のことをかわいがっているはずだよ。

だからあなたも、今ここから自分のことを思い切りかわいがってあげな。あなた自身が自分の価値を認めたら、親御さんの態度だって変わるから。

何より、あなたが自分をかわいがれば魅力が増して輝き出す。そうすると、親御さんだけじゃなく、あなたの周りにいる人みんなから愛されるようになるよ。

## 「父の散財がひどくて困っています」

ある女性が、お父さんのことで頭を悩ませていました。

「父が経営している会社は、小さいながらも安定しています。しかし、父は経済観念に欠けたところがあって、車や宝飾品などの高級品に目がないうえ、毎晩のようにお酒を飲みに行きます。おかげで我が家にはほとんど貯金がありません。どうしたら、父にお金を蓄えてもらえますか？」

これね、基本的な間違いがあるんです。それは何かというと、娘さんが「贅沢品を買っちゃいけない」「飲み歩いてはいけない」と思っていることです。

お父さんの稼いだお金は、お父さんがどう使おうが自由なんです。周りがとやかく言うことじゃないの。

それでも何か言いたいんだとしたら、「お父さんは好き勝手にお金を使うんだから、私たちにも少しは回してよ」って言えばいい。お父さんが車や宝飾品を買うように、家族にも高級ブランドのバッグくらい買ってよって（笑）。

こういう交渉なら、応じてくれるかもしれません。

それとね、金銭感覚というのは周りが何を言っても直らないんです。

で、これまでずっとそれでうまくやってきたのなら、そのままでこれからもやっていけるの。**お父さんを変えようとしても無理だし、変わらないままでも困ったことは起きないからだいじょうぶ**なんです。

このお父さんみたいな人って、遊びを取り上げちゃうと生きていけないの。そんなことをすると、一気に老け込んだり、病気になったりするかもわかんないよ。あるいは、遊びを取り上げられた途端に仕事に対する意欲も失われて、全然働かなくなったりするんです。

めちゃくちゃに遊ぶことでやる気が出るタイプは、うかつに遊びを取り上げたらいけないんだ。

## 「仕事は好きなのですがたまにむなしくなります」

好きな仕事をしているはずなのに、楽しく感じられなくなったり、むなしくなったりすることがあるんです。

それはなぜかと言うと、せっかく稼いでも、そのお金で自分に気分転換させてあげたり、楽しませてあげたりしていないからです。

働けば、お金が入ってくるよね。そうすると普通は楽しいんです。稼いだお金で

「あれを買おう」「旅行しよう」ってワクワクするの。

そのワクワクがまた仕事の原動力になって、もっとがんばってお金を稼ぎたいって思うようになるんです。

だから、**まだ自分を楽しませていない人は、欲しいものを買ったり、したかったことに挑戦したりするといいですよ。**女性なら、ホストクラブへでも行ってごらん（笑）。

そうやって自分を楽しませ続けるにはお金がかかるから、もっとお金を稼ごうと思うようになるんです。すると、工夫して仕事を効率化させるとか、営業マンなら新規開拓して成績を伸ばすとか、自分で考えながら仕事をするようになります。

これがうまくいくと仕事はどんどん楽しくなるし、収入も増える。相乗効果なので、遊んでみてもなお仕事をがんばろうと思えなかったり、楽しくないと感じたりするようなら、それはその仕事がよほど嫌なんだよね。だったら、別の仕事を探すことも選択肢の一つだと思いますよ。

いずれにせよ、あなたが楽しいと思う道へ進めばいい。それが正解だからね。

# 3日目

# 自分を信じるってどういうことですか？

## 「嫌な出来事は自分が引き寄せているのでしょうか」

この世界は、波動の影響を強く受けます。だから、あなたが明るく楽しい波動を出していれば現実にもそういう現象が起きるし、あなたが暗く苦しい波動を出していれば、ますますそういう気持ちになるような出来事が起きるんだよね。

今、現実に起きていることは、すべて自分で引き寄せたもの。

という話をすると、「嫌な出来事があったとき、自分の何がそれを引き寄せたのかわかりません」と戸惑う人がいるんです。

だけどね、こういう見えない世界のことは、あまり細かく考えないほうがいいよ。もっと大雑把に捉えなきゃいけない。

あのときこう考えたせいだ……みたいに個別に検証することじゃないの。もっとざっくりした話なんです。

問題が起きたときには、「何か自分が間違った考え方をしているんだな」と思うだけでいい。それがわかったんだから、今、ここで軌道修正すればいい話だよ。

こういうときにいちばん簡単なのは、「なんとかなる」という言葉の力を借りることです。

古来、言葉には不思議な力――言霊《ことだま》が宿っているとされてきました。言霊の力を借りると、言葉に込められた意味通りの結果を受け取ることができるんだよね。

つまり、**「なんとかなる」という言葉を口癖のように繰り返し唱えていると、困ったことが起きても、本当になんとかなる。**

言葉を信じることで、あなたの思いもその言葉と同化します。すると波動が変わるから、波動の法則から見てもやっぱり現実は変わるんだよね。

あなたが絶対的な安心感とともに「なんとかなる」と思っていれば、現実は本当になんとかなっちゃうの。

みんなが悩むのは、問題が起きたときに「なんとかなる」と思えないからです。

起きた出来事に振り回されて、どうにもならないと決めつけるからだよ。

そうやって自分を追い詰める波動ばかり出していると、さらに窮地に陥るんです。だから、どんな最悪の状況でも「なんとかなる。このことからは、いいことしか起きない」と思えばいい。苦しいときほど、「なんとかなる」の力が必要だし、そう信じて動けば、絶対うまく回り始めます。

不思議な話だから信じられないかもしれないけど、ウソだと思ったらやってみな。効果絶大だから。

最初は言霊を信じられなくても、とにかく「なんとかなる」を口癖にするの。口癖にしちゃえば、そのうちに心のほうもだんだんついてきて、なんとかなるという波動が出始めるからね。本当に、なんとでもなる人生に変わるよ。

## 「妻の度を超えた買い物好きに怒っています」

欲しいものがあって、それがお小遣いの範囲内で買えるとしたら、たいていの人は買うよね。だけど、それをいちいちパートナーが「また買い物したのか！」なんて文句を言ってきたとしたら、あなたはどう思うかな？

やっぱり嫌な気持ちになるだろうし、そうやって責められるから、今度はコソコソ買い物をするようになる。……という状況が続くと、パートナーに感じていた魅力が半減するかもしれないよね。

だってあなたは、窮屈な思いをさせられているわけだから。

いっぽう、あなたの買い物に対してパートナーが**「なんでも好きなものを買いな。お小遣いの範囲内なら自由にしていいよ」**って言ってくれたらどうだろう？

これは誰でもうれしいと思うし、相手の株はますます上がるよね。

むしろ「節約して、奥さん（旦那）にプレゼントを買おう」と思うかもわかんない。

ちょっと話は変わるけど、あなたがパートナーの浮気をいちいち責め立てちゃうと、相手は浮気しづらくてしょうがなくなるんです。で、コソコソするうちに、あなたへの不満が大きくなる。

だから、ここはどーんと大きく構えて、相手が浮気しやすくしてあげることだね（笑）。最初から、「お小遣いの範囲内ならお好きにどうぞ」ってゆるしちゃうの。男性は女性が好きだし、女性は買い物が好きなの（最近はその反対もよく見かけますが）。そういうものだと思って、もっと気楽に考えるといいですよ。

という気持ちでいるとあなたの魅力が爆増するから、逆に相手の浮気性が引っ込んじゃうことだってある。あなたの魅力を超える浮気相手が見つからなくなって、結果、あなたの希望通りになるんだよね。

それとね、もう新しい時代になったんだから、「浮気は男の専売特許」みたいな感覚も古いんです。旦那の浮気に腹を立てるくらいなら、女性も浮気しちゃえばいい（笑）。

というか一人さんに言わせると、浮気はむしろ女性のほうがするものだね。

男は詰めが甘くてすぐ浮気がバレちゃうけど、女性ってなぜかバレないように浮気するのがうまいから（笑）。

たまに、家にお金も入れないで浮気するような男がいるけどね、それってとんでもないやつだよ。こういう旦那には、「浮気は女のするもんだ！」ってガツンと言ってやったほうがいいですよ（笑）。

## 「同性が好きな私はおかしいのでしょうか」

この話はちょっと繊細なテーマかもしれないので、差別的な意味合いはまったく含まれていないという前提で受け取って欲しいのですが。

最近は昔に比べて、同性愛なんかに対する理解が深まってきているよね。その流れで、いわゆる「人と違うこと」をオープンにして生きる人も増えてはいるけれど、それでもまだまだ否定的な考えの人も多く、周りに隠している人はたくさんいます。

一人さんにも、そういう人たちから「隠すことに疲れました……」みたいな相談が寄せられることがあるんです。

私は自分なりの考えしか言えないから、ここでのアドバイスはみんなに通じる話ではないかもしれないけど、一人さんって女性が大好きなんです。特に、きれいな女性のTバック姿は最高に好きなの（笑）。

で、だいぶ前から、そのことを包み隠さず世間に公表しています。

女性が好きだというのは世間からすれば普通だと思うけど、私は「Tバックが大好きだ」というのを強調しているから、そういう意味ではちょっと普通じゃない（笑）。

だけど、世間ではなんの話題にもなっていないんだよね。Tバック好きを公言しても問題は起きないし、人に悪く言われたことも、嫌われたこともありません。

むしろ、「そんな一人さんだから好き」と言ってくれる人がたくさんいるの。

こうした観点から見ると、あなたは人と違うことに対して、ちょっと深刻になりすぎているんじゃないだろうか。だとしたら、一人さんみたくもっと軽い気持ちになればいいよ。

一人さんって、子どもの頃から体が弱くて病気ばかりしてきたし、勉強が大嫌いで中学校しか卒業していない。こういうのも、世間で言うところの「普通」とは違った人生かもしれません。

でも私は、普通じゃない自分で生まれた以上は、普通に生きようとは思わないの。というより、普通じゃなく生まれた人間が、普通に生きようとしちゃダメなんだよね。普通じゃない人は、普通じゃないのが普通なの。わかるかい？

**周りの目なんて気にする必要はない。あなたはあなただよ。**

結論。人と違う自分を公表しようとするまいと、どっちだっていいの。いずれにせよ問題なんて起きないし、幸せになれるからね。

## 「がんばっているのにうまくいきません」

いろんな人の悩みを聞いていると、「人生設計をしても全然その通りにいかない」「がんばっているのにうまくいかない」という人が多いんだよね。

でもね、計画がうまくいかないとか、思い通りの人生にならないって、人生にはよくあることなの。それが人生です。

いちいち「うまくいかない」って考えるけど、うまくいかないこと自体よりも、そういう思考に問題があると思うよ。その重苦しい波動が、あなたの人生をますます思い通りにならないものにしているんだ。

計画したことが一発でうまくいくなんて、宝くじ並みに珍しいことです。

だから、基本的に計画はうまくいかないものだと割り切って、そのなかでも「10回に1回でも成功すれば御の字だ」という気持ちで楽しんでごらん。とにかく気楽に考えるの。

**完璧を求めるから苦しくなるし、うまくいかないんだよね。**

いきなり100%を目指す必要はない。今まで1しかできなかったことが、2になっただけでもすごいことだよ。一つできるようになっただけでも、偉かったねって自分を褒めてあげなきゃいけない。それが愛なの。

たまに揺れ戻しもあるけど、それもしょうがないこと。ものごとは、少しずつ波を打ちながらよくなっていくものだからね。

そもそも、計画したことが全部うまくいく人ばかりだったら、そっちのほうが大変だよ。世の中には、不完全なほうがいいってこともいっぱいあるから。

気楽がいちばん。計画がうまくいかなければ、また新しい計画を作ればいいだけ。挑戦していれば、少しずつでも確実によくなっていく。それを楽しんでごらん。

そうすると不思議なもので、かえってうまくいったりするんです。気楽な波動を出せば、必ず気楽な現実がもたらされるよ。

## 「人生の目標が見つけられなくて弱っています」

この話は、信じたい人だけが信じてください。

人間って死なないんです。肉体はいつか死ぬけど、魂は永遠に死にません。死ぬことができないんだよね。

私たちがこの世界で死を迎えたときは、その瞬間に、あの世で誕生する。

反対に、あの世で死んだときは、同時にこの世で誕生するんだよね。

そうやって、人は永遠に生まれ変わるの。行ったり来たりを繰り返しながら、それぞれの世界で魂磨きの修行をしているんです。

でね、あの世での時間と、この世での時間には大きな差があって。この世での50年や100年は、あの世では映画1本分くらいの感覚なんです。

そういう前提で話すとね、みんな、人生の目標とか自分の使命を早く見つけたいって言うんだけど、ワクワクすることを見つけるだけで1000年かかる人もいるの。1000年って言うと、この世界の尺度ではびっくりするかもしれないけど、魂にしてみれば大した時間じゃないんだよね

だから、今世でうまくいかなくても、来世またやればいい。それでもダメなら、次の人生で挑戦したらいい話なんだ。

魂の成長は、１００年単位、１０００年単位が当たり前だからね。

今世で目標を見つけなきゃいけないわけじゃないし、ましてや、今世ちょっと計画がうまくいかないくらい、どうってことないよ。

**慌てなくていい。１０００年くらいのゆとりを持って生きてください。**

## 「5年間、離婚を考えていますが踏み切れません」

一人さんはいつも、「（結婚して）嫌になったらいつでも別れな」と言います。

みんな自由に生きたほうがいいし、子どものことを考えて離婚できないとか、世間体を考えて離婚をためらうことはないよっていう意味なんだけど。

ただ、経済的なことは最優先に考えたほうがいいよね。子どもがいたらなおのこと、命をつなぐためにも食べなきゃいけないから。

そういう意味では、あえて離婚を選択しない人もいていいし、それぞれの事情に合わせて自分で判断すればいいんです。一人さんだって、全員に離婚を勧めるわけじゃないんだよね。

でね、離婚はしたいけれど、今は一緒にいるという選択をした人に聞いてみると、「別れたいと思ったのは5年前です」とか、もっと長い人もたくさんいるの。そんなに離婚したいと思い続けているのに、まだ一緒に暮らしているんだよね。という人は、**もう「辛抱強い」のが特技だと思います。**離婚できないというより、自分の我慢強さを活かした生き方、という表現のほうが合っているんじゃないかな。そんな視点で見てみると、あなたはまだまだ辛抱強さというスキルに磨きをかけている途中だから、今ここで離婚する必要はないし、これからもそのスキルを活かしながら生きていけばいいんだよね。

特技が辛抱強さだなんて信じられない。現に、ものすごいストレスを抱えて生きていると思うかもしれないけど、それでも別れないってことは、やっぱりそれはあなたの特技じゃないかな。

これまで長いこと辛抱して、それでもだいじょうぶだったのなら、この先もそれで問題ないんです。ストレスを感じているとしても、少なくとも、明日、明後日で爆発することはないと思いますよ。

今回はいつもとちょっと違うアドバイスになりましたが、なかにはこういう考え方が必要な人もいると思うので、違った角度からお伝えしてみました。自分にはこちらのほうが合っているなと思う人だけ、参考にしてもらえたらいいからね。

## 「職場で何度も同じミスをして注意されています」

職場や学校などで注意されると、落ち込むことがあると思います。

もちろん、同じミスを繰り返さないようにしようという反省は大事ですが、必要以上に自分を責めることはないんだよね。

みんな肩に力が入りすぎだし、深刻に考えすぎなの。そういう重い波動でいると、自ら次の失敗を引き寄せているようなものだから、気楽に「なんとかなる」って考えたらいいんです。そうやって肩の力を抜くほうが、次の失敗だって防げるよ。

それともう一つ。何度も注意されると、無意識のうちに「また怒られるんじゃないか」ってビクビクする癖がついてしまうんだよね。自分は出来損ないだとか、ダメな人間だとか、そういうネガティブな気持ちで「次も怒られたらどうしよう」って不安でいっぱいになる。

だけどね、もうそういう「自分いじめ」はやめな。

**あなたは出来損ないなんかじゃないし、ダメな人間でもない。それどころか、最高に価値がある存在なんだ。**

何度注意されようと、そのこととあなたの価値は関係ありません。次は失敗しないように、気をつけたらいいだけです。

いちばんいいのはね、「また褒められるんじゃないか」「次も褒められるだろうな」って期待すること。自分にうんと期待しな。

今はまだ修行中だから失敗が続いているかもしれないけど、あなた自身が自分の価値を認めて、自分に期待していれば、それだけで波動は変わるよね。自分をかわいがっていれば、魂だってぐんぐん成長する。

だから間違いなく、本当に褒められまくる自分になるよ。

## 「会社からの高い要求にうまく応えられません」

同じ仕事を何年も続けていると、仕事に慣れてスピードアップするし、仕事の質も高くなります。それに比例してお給料も上がったりするわけだけど、同時に、会社から求められる成果や役割もどんどん高くなるんだよね。

それをプレッシャーに感じて、ストレスになっちゃう人がいるんです。

あのね、そんなに自分にプレッシャーをかけないで、もっと気楽にやればいい。

いくらスキルアップしても、できないことはある。そういうときは、すなおに「まだできません」「もう少し時間がかかります」って言えばいいんだよね。

言われたことが即座にできないと、まるで自分の評価が下がるように思い込んでいる人がいるの。でもね、実力以上に評価を上げようとするから苦しくなるんだ。本当の実力以上に評価してもらおうとするのは、背伸びしているのと同じこと。ずっとつま先立ちで歩き続けるのは無理だし、そんなことをがんばっても失敗するだけです。かえって評価を下げることになりかねないよね。

一人さんはエッチな本が好きなんです（笑）。そうすると、「エッチな本を買っているところを誰かに見られたら、一人さんの評価が下がりませんか？」って心配してくれる人がいるの。でも私は、そんなの見られたってかまいません。

というかそれが本当の私だから、評価が下がるわけじゃない。正しい評価になるだけなんだよね。

それを、人によく見られようとしてエッチな本を買うのを我慢していると、不満を抱えることになって、いつかおかしな形で爆発しちゃうよね。そのほうがよっぽど自分の評価を下げるよ。

**大事なのは、よく見られようとするより、等身大の自分を見てもらうこと。**そこに意識が向けば、無理をしたり、背伸びをしたりすることもなくなります。

そもそも、会社から重要な役割を任せられるって、あなたが信用されている証拠なんだよね。すでに実力を認められているってことです。

あなたにはそれができる力があるんだから、自信を持っていいんだ。プレッシャーなんて感じなくていいよ。今までと同じように気楽にやれば、ちゃんと結果が出るからね。

## 「遠慮して、社員に注意できないんです」

一人さんは社長ですが、従業員の誰よりも気楽なんです。なぜなら、人を指導したり、チームをまとめたりする立場にある人ほど、気楽さを失ってはいけないと思っているからです。

従業員や生徒のいる人は、どこかで必ず、注意しなきゃいけない場面が出てきます。

特に会社の場合は、大きくなればなるほどいろんな人を雇って働いてもらわなきゃいけない。そうするとね、上に立つ人がいかに気楽に注意できるかどうかで、結果は全然違ってくるの。会社の雰囲気も、社員のやる気にも大きな差が出るんだよね。

経営者のなかには、従業員に気持ちよく働いてもらいたいあまり、遠慮して注意できない人もいるんだよね。特に些細《ささい》なことだと、注意することで従業員の士気が下がるんじゃないかと心配して、何も言えなかったり。

でもね、些細なミスだからって遠慮していると、そのミスが大きな失敗につながることがある。そうなってから注意すると、つい大声で怒鳴ってしまうとか、人格を否定するような言葉が出ちゃったりするんだよね。

そんな叱り方をされたら、従業員だって気分が悪いから反発します。会社が損失を被るだけじゃなく、お互いに最悪の気持ちになる。デメリットばかりなの。

**いちばんいいのは、小さなミスの段階で遠慮せず「これやっとくんだよ〜」「それはダメだぞ〜」みたいに、軽やかに、さらっと気楽に注意すること。**

こういう言い方なら従業員だって悪い気はしないし、すなおに反省してくれるから、問題の芽をちゃんと摘めるの。もっとも効率よく、かつ効果的に、社長が口を出さなくても成果の出せる会社に育てられます。

で、こういう気楽な社長は従業員にも好かれるから、会社のためにがんばろうって、ますます力を出してくれる。メリットばかりで、最高の会社になるよ。

## 「ご近所づき合いが苦手です」

ご近所づき合いの苦手な人がいるのですが、そういう人って、ご近所さんと必要以上に親しくつき合わなきゃいけないという思い込みがあるんだよね。

みんな、うまくつき合うことを「必要以上に親しくする」ことと勘違いしているんじゃないかな？　なぜか、「親しくする」「まったくつき合わない」の二択にしている。

それって重すぎるし、極端なんだよ。もうちょっと気楽に考えてごらん。

こう言っちゃなんだけど、ご近所の人なんて「おはようございます」「こんにちは」程度のあいさつさえしておけばじゅうぶんだよ。

**それくらいの簡単なおつき合いでうまくいくんです。**

それでいちいち文句を言ってくるようなご近所さんだとしたら、つき合うのをやめたほうがいいよね。無理してつき合っても、あなたが嫌な思いをするだけだから。

あのね、軽やかに生きていると、周りから妬まれることもあるんだよね。不幸な人って、幸せそうな人に何かしらケチをつけたがるものだから。

妬む人は、あなたがどんなに愛想よくしたって妬むの。人の悪口を言うやつは、どうつき合っても悪口を言うんです。そういう人もいるのが、この世界なの。

だから嫌なやつのことなんて気にしないで、「悪口を言ってる人がいるなぁ」って聞き流せばいい。

その人は、悪口を言うことで何か学ぶことがあるんだよね。その学びを邪魔しちゃいけないから、好きなだけ言わせてあげな（笑）。

そうやって気楽に考えていれば、自然とあなたの周りから嫌な人は消えていくよ。

## 「自分を信じるってどういうことですか」

ある人に、「自分を信じるってどういうことですか?」という質問をされたんです。

その答えは、こうです。

自分を信じるというのは、がんばりすぎる自分ではなく、**気楽にできる自分を信じるってこと**なの。気楽にやっても自分はうまくやれるという、力まず生きられる自分を認めることなんです。

真面目な人ってね、子どもの頃から「もっとがんばれ」「全力を出せ」と言われ続けてきたの。だけど、がんばりすぎると悲壮感が出るし、いずれ壊れちゃうんだよ。

人間には、遊びが必要なの。全力を出したほうがいいというのは単なる思い込みで、本当は全力なんて出しちゃいけないし、ちょっと力を抜いたほうがいい結果も出るんだ。

レーシングカーって、サーキットのなかを猛スピードで走るでしょ？　ああいう車は、ほんの少しハンドルを切るだけでカーブを曲がれるようになっているんです。そうじゃないとレースに対応できないからなんだけど、ああいう車で一般道を走ったら大変だよ。ちょっとハンドルを動かしただけで曲がるから、大事故につながりかねない。それじゃ困るから、普通の車はハンドルに遊びがあるんです。

でね、レーサーだって、のべつああいう車に乗っているわけではありません。レーシングカーに乗るのはサーキットのなかだけで、一般道ではみんなと同じ普通の車に乗っています。つまり、レーシングカーは非常時の車なんだよね。

それと同じように、普段の私たちはレーシングカーじゃない。

普通の車で言うところの「遊び」があるから、がんばっても最大8割くらいしか力は出せないし、たいていは6割くらいの力で動いています。それくらいの力が、日常生活ではちょうどいいんだよね。

ただし、いざというときには無意識のうちに10割の力が出せる。人間の体って、命の危険を感じたときにはパッとスイッチが切り替わってレーシングカーみたいになるから、小柄な女性でも重いタンスを軽々持ち上げたりするの。

だけどそれは、あくまでも非常時の話です。それを勘違いして、平常時なのに非常時の力を出そうとするから、空回りして故障するんだよね。

**普段は6割の力でじゅうぶんだし、それがいちばんいいパフォーマンスにつながる。**ということを知るのが、自分を信じる第一歩なんだ。

# 「若い世代はチャレンジ精神が希薄で将来が心配」

ゆとり教育で育った人から最近の若い人までは、ガツガツしたところや、欲がないと言われているそうです。そういう若者に対して、親世代の人たちが「チャレンジ精神も希薄で、これじゃ将来困る」って心配するんだよね。

あのね、欲があろうとなかろうと、どちらでもいいの。ゆとり世代は、ゆとり世代らしく生きていけるようになっているからだいじょうぶなんです。

欲がないからいい友達も作れないって心配するけど、そもそも友達は作るものじゃなくて、できるものなんだよね。無理に作ったものじゃダメなの。

じゃあ、どうしたら友達ができるんですかって、できないときは、その人には友達が必要ないってことだよ。自分と仲良くして、ひとりで楽しく生きているほうがうまくいくんだ。

親は欲がないことを心配するけれど、欲があったらあったで、また別の心配をするんだよね（笑）。積極的なら積極的で心配するし、消極的なら消極的で心配する。

どんな状態でも、何か心配したいのがあなたなんです（笑）。

そうやって自分で心配事を探しているだけなのに、なぜ私はこんなに心配ばかりさせられるんだって悩む。

言っちゃ悪いけど、**あなたはまず、その心配性を治したほうがいいですよ。**欲のない子どもを心配するより、自分の心配性を気にしたほうがいい（笑）。

今はね、ホームレスさんでも太っちゃう人がいる時代なの（笑）。そういういい時代に生まれた子どもたちは、それだけで運がいいし、欲がなくてもちゃんと生きていけるんだ。

心配ないから、もっと子どものことを信じてあげてください。

# 4日目

# 嫌な人にもつい
# いい顔をしてしまう
# 自分が嫌になります

## 「自分に腹が立ち『地獄言葉』をつぶやいてしまいます」

人は、不安を抑え込んでいると、次のような行動をしやすくなります。

**①周りに合わせすぎて病気になる**
**②怒り出す**
**③引きこもる**

ニュースなんかを見ていると、急にキレて人を傷つける人がいます。その加害者を知る人が「真面目でいい人だったのに……」なんて言っていたりするんだけど、これがまさにそうなの。ずっと我慢してきて、ある日突然、爆発してキレちゃう。

キレない人は、病気になったり、引きこもったりするんだよね。

なぜこんなふうになるかというと、その一因は親の育て方にあります。

子どもの成績が悪いと不機嫌になって、成績がいいと喜ぶ。親の言うことを聞かないときは怒り、言うことを聞けば喜ぶ。

そうすると、子どもは親の機嫌を取るようになります。親に捨てられたら生きていけないという不安から、親が喜ぶことを優先するんだよね。自分がどうしたいかという気持ちを封印してしまう。

それが大人になっても続くと、今度は会社の上司や同僚の機嫌を取ろうとします。みんなに好かれなきゃ生きていけないと思い込んでいて、その不安から、誰にでも好かれようとして人の言いなりになるの。

確かに、子どもは親に捨てられたら生きていけないかもしれませんが、会社の上司や同僚に捨てられたとしても、別にどうってことない。なんでもないことです。ところが、親の言いなりで育ってきているとなかなかそう思えず、いつまでも親を求める幼児性が残ってしまうんだよね。

そのことに自分でも気づいているから、自分に腹が立って「地獄言葉（※）」が出てきちゃうんです。心のなかに溜まり続けた、不満という名のゴミがあふれ出る。

表面的には、みんなの都合よく動く「いい人」でも、心のなかは地獄言葉で煮え立っているの。これでは当然苦しいし、幸せを感じることもできません。

（※）自分も人も不幸にする、暗く重い感情がつまった言葉。「恐れている」「ツイてない」「不平不満」「愚痴」「泣きごと」「悪口」「文句」「心配事」「ゆるせない」など。その反対に、自分も人も幸福にする言葉は、「天国言葉」。「愛してます」「ついてる」「うれしい」「楽しい」「感謝してます」「幸せ」「ありがとう」「ゆるします」など。

## 「人からの頼みを断れません」

でもね、あなたはもう大人です。その気になれば、いつでも切り替えられます。

誰かに頼み事をされても、それを引き受けられない事情があるのなら、正直に「できません」と断ってもいい。なんでも引き受ける「いい人」はやめたらいいし、地獄言葉ばかりで苦しい自分から抜け出すには、そういう訓練が必要なんです。

ハッキリ断ると、相手に嫌われるんじゃないかって心配になるかもしれません。だけど、そんなことない。というか、ちょっと断ったくらいで怒りだすような嫌なやつは、こっちから願い下げだよ（笑）。

人の誘いや頼み事に「No」が言えないのは、親が練習させてくれなかったからです。そういう親はたいてい、子どもに「いい子にしな」「みんなに好かれるようにしな」って教え込むのですがハッキリ言ってみんなに好かれるなんて無理だからね。

**親の役割は、子どもがNoを言えるように育てること。**これが親の務めであり、愛なの。

で、**子どもの務めはNoが言えるようになること。**だから、それができるまでは何度でも、「Noを言わなきゃいけない相手」が出てきます。

もし、あなたの前に嫌な人ばかり現れるのだとしたら、それは、どうにかしてNoを言わなきゃいけない試練なんだよね。それが今世の修行なの。

だけどね、その試練に果敢に挑戦していると、どんどん運勢がよくなるよ。

それと、Noを言ったことで相手と言い争いになることもあると思います。でも、それはただの意見交換で、ディスカッションなの。

その意見は違うよ、それは嫌だよって伝えることは喧嘩《けんか》じゃないから、お互いにどんどん言い合えばいい。これを喧嘩だと思うのなら、どんどん喧嘩したほうがいいよね。

血のつながった親子や兄弟だって、簡単にわかり合えないものなんです。それが会社の同僚や夫婦みたいな他人となれば、なおのことわかり合うのは難しいの。

意見交換の結果、皿や茶わんが飛び交うことになってもいい。そういうディスカッションも楽しいよ（笑）。ディズニーランドやなんかでも、いろんなものが飛んできて楽しいじゃない。それと同じで、家をテーマパークだと思えばいいですよ（笑）。

## 「子どもがまったく言うことを聞かないんです」

ある人は子どもの頃から、笑うと母親から「調子に乗るな」と怒られてきたそうです。そのせいでいまだに笑うことに抵抗があり、笑顔がないせいで、周囲から怒っているように見られるらしいの。

このケース、要は反抗期がなかったんだよね。こういう人が自分を変えるには、今からでも反抗期を経験しなきゃいけない。母親にちゃんと反抗すること。

「あんなこと言いやがって、クソババァ！」

「私のこの顔をどうするんだよ！　怒って見られちゃうじゃないか！」

って吐き出すんです（笑）。まずは、心のなかのドロドロした感情を全部出しな。

こういうときの地獄言葉は気にしなくていいから、100回でも1000回でも、気が済むまでぶちまけちゃうの。それでスッキリするからね。

ただし、お母さんに直接言うと厄介なことになるから、誰もいないところでやってくださいね（笑）。

反抗期がなかった人って、心の壁を壊さなきゃいけないんです。いつかどこかで壊さなきゃいけない壁なの。

それに気づいたんだったら、1秒でも早く反抗期を経験したほうがいいよ。壁が壊れるとスッキリして笑顔になれるし、反抗期を経ることで、これから自分がどう生きていけばいいかという道も見えやすくなるからね。

それと、反抗期ではいくら暴言を吐き出してもかまいませんが、反抗し終えたら、もう親を恨まないことだよ。あなたの親御さんも、悪気があって反抗させなかったわけじゃないんだから。

親は親で、子育てとはそういうものだと勘違いしていたんです。それが正しい教育だと思っていただけだからね。

今、「子どもがまったく言うことを聞かない」「親に暴言を吐く」といったことで悩んでいる親御さんも、「うちの子は反抗期を経験しているんだ」と思ってあげてください。やっと反抗期がきたんだから、しばらくは言いたい放題にさせてあげな。反抗期がきてよかったなと思えばいい。

だって、**親にも逆らえないようじゃ、世間では生きていけないからね。**愛を持って放っておけば、そのうちにまた穏やかになるからだいじょうぶだよ。

で、あまりにも子どもが行きすぎたときは、親のほうも言い返せばいいんです。「あんたを育てようか、恋人を作ろうか迷ったけど、最後はあんたを選んだの。ありがたいと思いな」とかね（笑）。

そうやって、子どもの罵詈雑言《ばりぞうごん》を上回るようなジョークを飛ばしちゃいな。子どもに負けてる場合じゃない。親はユーモアで勝負だよ（笑）。

## 「嫌な人にもついついいい顔をしてしまいます」

嫌なことを言ってきたり、不快な態度を取ったりする人がいるときは、相手と距離を置くのがいちばんです。我慢してつき合っちゃいけないんだよね。

嫌な人って、魂が未熟なの。でもね、今は未熟でもだんだん成長するものだから、そういう人でもあと2~3回生まれ変わればいい人になるの。嫌な性格のせいで人の信用を失ったり、怒らせたりしながら「自分の生き方は間違っていた」ということを学んで、だんだん人が嫌がることをしなくなっていくんだよね。

魂は、何回も生まれ変わるなかで少しずつ成長するんです。

それと、友達がいないって「ゼロ」の状態なの。嫌なやつとつき合うと「マイナス」になる。人間関係って掛け算みたいなものだから、ひとりでもマイナスの人とつき合うと、そのほかが全部プラスの相手でも、幸せ度はマイナスになっちゃうんです。

だったら、ゼロのほうがずっといいよね。**マイナスにされるくらいなら、友達なんかいなくたっていい。**

お釈迦様《しゃか》が残した、「犀《さい》の角のようにただ独り歩め」という言葉があります。犀の角が頭に1本どんと立っているように、自分の道を、ひとりでも堂々と生きなさいという意味なんだけど（編集部注：インドサイは群れではなく単独で行動することから、サイの角は「孤独」を意味する比喩表現）。友達がいなくたって、そういう生き方をすればいいんだ。

ひとりで生きられるようになると、次は寛容の精神が生まれてくるの。

自分が未熟なのと同じで、相手も未熟なんだなって思えるようになる。自分の未熟をゆるし、人の未熟もゆるせるようになるんです。

うんと楽に生きられるようになる。

気がつけば、気楽につき合える友人もできていたりするものだよ。

## 「苦手な牡蠣《かき》を食べられるようになりますか」

嫌な相手と我慢してつき合うのが大人だと思っている人がいますが、そもそもの話、あなたに意地悪をしてくる相手というのは、あなたのことが嫌いなんだよね（笑）。

あなたも相手も、お互いに嫌い合っている。そんな2人が、なぜ仲良くする必要があるんだろう？　わざわざ嫌な相手と親しくしなくてもいいんじゃないかな。

周りをよく見てごらん。あなたに親切にしてくれる人、心の優しい人がたくさんいるはずだから。わざわざ嫌なやつとつき合ったりしないで、いい人と仲良くしたほうが楽しいと思いますよ。

仲の悪いもの同士が無理に親しくしようとしても、ウマは合わないし、話も口先ばかりで楽しくない。心のなかはお互いに嫌悪感でいっぱいだから、2人とも最悪の波動を出すことになります。

その結果、ほかの人とのつき合いまでダメになるんだよね。人生を狂わせるの。

だから、**お互いの幸せのためにも、嫌な相手とはできるだけつき合わないようにしたほうがいい。**そうすると不思議なんだけど、歳月を経るうちになぜかだんだんウマが合うようになって、自然と親しくなることもあるんだよね。

たとえば、牡蠣が苦手な人がいるとします（一人さんは牡蠣が大好きですよ）。そういう人が「どうすれば牡蠣が食べられるようになるか」と研究したって、苦手なものは苦手なんだよね。

だったら、「どうすれば牡蠣を食べずに済むか」を研究したほうが楽しいんじゃないかな。牡蠣と同じ栄養素が含まれる食材を探したり、牡蠣と同じシーズンに食べられるおいしいものを食べたり。

で、ほかのものを楽しく食べているうちに、何かの拍子に牡蠣を食べたら、おいしくて好きになることもあるんです。人間と食べ物は違うけど、そんなこともあるの。

という意味では、どうすれば苦手な相手とうまくやれるかって考えるのは、時間の無駄かもわかんないよね。それよりも、自分が楽しくなれることを探しな。

## 「恋人になる人になぜかいつも暴力をふるわれます」

あなたが機嫌よく過ごしていると、わざと意地悪なことをしてくる人っているんだよね。人が楽しそうにしているのが気に入らない嫌なやつって、どこにでもいるんです。要は、不幸な人なんだけど。

そういう人に出くわしたとき、一人さんだったらどうしますかって聞かれることがあるのですが。あのね、私だったらタダじゃおかないよ（笑）。

その嫌なやつをちょっと物陰に呼んで、「俺の機嫌が悪くなったら、どうなるか見せてやろうか？　機嫌がいいのが、どれくらいありがたいかわかるぞ」って（笑）。これで、相手は「この人の機嫌を損ねちゃいけない」とわかるので、一発で解決だよ（笑）。

ただ、そう思っている一人さんの前には、嫌なやつなんて一度も出てきたことがないし、これからも出てこないと思います。「やられたら倍返しだぞ！」という気持ちでいると強い波動が出るから、むしろ嫌なやつは自分から離れてくれるんだよね。

恋愛なんかでも、「私はなぜか、つき合う人みんなに暴力をふるわれます」って言う人がいるんです。それもやっぱり、あなたの波動が弱すぎるの。

あえて厳しい言い方をするとね、あなたは「殴ってください」という波動を出しているんだよ。「私はいつも殴られます。被害者です」というその弱々しさが、相手を刺激してカッとさせちゃうの。あなたには、相手をイライラさせる何かがある。

じゃなきゃ、そんなに立て続けに暴力をふるうやつばかり寄ってこないと思います。宝くじや競馬だって、そんなに連続では当たらないからね（笑）。

じゃあどう対処したらいいんですかって、**あなたは本当は強い人だから、もう弱いふりをするのはやめたらいいの。**

一人さんみたく、「今度殴ったら倍返しだからな！」って、強い波動を出してごらん。

実際にそれを口に出さなくてもいい。心のなかで思うだけでも、波動は全然違ってくるからね。その強い波動が相手に伝わって、もう暴力をふるわれなくなりますよ。

## 「つらくて別れたのに今のほうがつらいです」

恋をすれば、別れがやってくることがあります。

浮気されて別れた。二股(もしくはそれ以上)をかけられていると知って別れた。遊ばれているとわかって別れた……いろんな別れ方があるんだよね。

だけど、一緒にいるのがつらくて別れてみたら、別れたほうがもっとつらかったということがあるんです。行くも地獄、戻るも地獄だって言うんだけど。

あのね、**そんなにつらいんだったらヨリを戻せばいいんじゃないかな。**一緒にいるより別れたほうがつらいということは、一緒にいることで、何か学ばなきゃいけないことがあるということだよ。

私がいちばんじゃないから苦しいって言うけど、別れたほうが苦しいんだとしたら、2番でも3番でも、一緒にいるほうがまだ苦しみが小さいということでしょ？だったら、自分が何番かなんてもう気にしないで、ヨリを戻したほうがいいと思います。

相手にとって自分が何番であるかより、あなたがいちばん好きな人と一緒にいるほうが幸せなの。まずはあなたが幸せになることが先だし、そっちのほうが重要なんだ。

今より幸せな道へ進めば、その道で学びがあって、また違った景色が見えてくるからね。安心して幸せな道を選んでください。

## 「娘の男運の悪さにほとほと困っています」

ある男性が、「娘は男運が悪く、連れてくる男、連れてくる男が全員ろくでもない男ばかりです。今度は売れないミュージシャンと結婚すると言い出しました」と困っていたの。どうしたら、娘がまともな男と結婚できるかって頭を悩ませているわけ。

この話を聞くと、売れないミュージシャンはダメだと言っているんだけど、売れないミュージシャンでもまともな人はいるよ。

娘さんが経済的に困るんじゃないかって気をもむのもわかる。でもね、売れないなら売れないなりに別の仕事で稼いでくるかもしれないし、娘さんが「私が支える」と言ってバリバリ働くかもしれません。

そういうカップルって、なぜかうまくいくようになっているんです。

恋愛は、本人の好みだからしょうがないんだよ。そう思って、お父さんは気に入らなくても一緒にさせてあげたらいい。

気に入った人と結婚できるって、それだけで贅沢なんです。好きな人に振り向いてもらえて、しかも相手も同じように自分と結婚したいと思ってくれる。これ以上に贅沢なことはありません。

で、結婚生活がうまくいかなかったとしても、すんなり別れられるのは最高に贅沢なことなの。結婚も離婚も、自由にできるのは贅沢なんだ。

という意味では、娘さんは贅沢が好きな、幸せな人なんだよね。

**せっかく幸せの道を歩いているのに、それをお父さんが邪魔しちゃダメなの。**本人のためだからと我慢させたって、かえって娘さんは不幸になるだけですよ。

結婚も離婚も、自由にさせてあげな。それが娘さんのいちばんの幸せだからね。

## 「仕事をやめたいのですが周囲から無責任と言われました」

仕事を一生懸命がんばっているのに、結果が出ない人がいます。うまくいっている人に相談したり、参考になりそうな本を読んだりしているのに、何をしても成果につながらないことがある。

そういう場合は、おそらくその仕事はあなたに向いていないと思います。

自分に向いてない仕事って、いくらやってもうまくいかないの。だから、もっと自分に合った仕事を探したほうがいいんじゃないかな。

そう簡単に転職できないとか、今の仕事をやめてもいい仕事はないとか、いろんなことを言う人がいる。でもね、仕事なんて探せばいくらでも見つかるよ。

向いてない仕事を我慢しながら続けるほうが、よっぽどうまくいかないだろうね。

仕事をやめようとすると、周りから「わがままで無責任だ」「辛抱が足りない」「誰だって我慢してるんだ」みたいな声が聞こえてくるかもしれない。だけど一人さんに言わせると、そんなことを言うほうが非常識です。

本人が、「この仕事は自分に向いていない」「我慢できない」と感じているんだから、好きなように転職させてあげたらいいんだ。それをいちいち文句言うほうが悪いの。

**嫌がっているのを我慢させるのって、ただのいじめだよ。**

そういう人には、「じゃあ自分がここで働けば？」「口を出すなら金も出せ」って言い返してやりな（笑）。嫌なやつには、ガツンと言い返さなきゃ。

しょっちゅう仕事を変わる人ってね、いろんな場所で働くことで、何か大事なことを学んでいるんです。学び終えるまで、いろんなところを見たほうがいいの。

こういう人は、学びが深まれば自然と落ち着ける場所へたどり着くよ。そこで大成功することもあるだろうね。だから、今はあちこちさまよっていてもいいんだ。

自分で「これはダメだ」と思ったら、心や体が元気なうちに、もっと自分に合った場所を探したほうがいい。心身に問題が起きるまで我慢しちゃいけないよ。

## 「つまらない仕事なのにやめる決断もできません」

世間には、「つまらない仕事だ」「もうやめたい」とブツブツ言いながら、なぜか仕事をやめない人がいます。で、たいしてストレスをためている様子もない（笑）。

こういう人って、おもしろくないことを、文句を言いながら続けることに向いているんだよね（笑）。じゃなきゃ、そんなに不満な仕事を続けられるはずがないんです。

**その人は、「文句を言いながら働く」という才能がある。**

本人がその価値に気づいていないだけで、これは立派な才能なんだよね。

もし、こういう人が「自分には、楽しくない仕事を延々と続けられる特別な才能がある」と気づいたらどうなると思いますか？

まず、パタッと文句を言わなくなるよ。

それと同時に、ものすごく輝き出すんです。「普通の人間だったら、こんなつまらない仕事は務まらない。それができる自分はすごいんだ」っていう自分褒めが始まって、ガンガン働き始めるの。こうなれば強い。間違いなく大成するよ。

## 「たくさんある父の遺品の整理ができないんです」

以前、こんな相談をされたことがあって。

「亡くなった父の遺品がたくさんあるんです。生前、私は父から〝お前はモノを大切にしないやつだ〟と言われ続けていたので、勝手に遺品を処分すると恨まれそうで手つかずになっています。かといってこのまま放置しておけず……悩んでいます」

このお父さんはね、何十年と我が子を見てきて「モノを大切にしないやつだ」と言っているんだよね、ということは、その通りなの（笑）。

お父さんは見る目があるし、正しいから、「モノを大切にしないやつだ」という言葉は、あなたへの遺言だと思ってください。

そういうことですから、遺品を大切に持ち続けることなんてしないで、もう処分していいと思いますよ。

いつまでもそのままにしておくことで悩むことのほうが、よっぽどお父さんに悪いよね。**お父さんだって、子どもを困らせたくて遺品を残したわけじゃないんだ**から。

同じようなことだけど、「実家にキジの剥製があり、もう古くなって気持ち悪いので処分したいです。こういうものを処分しても、動物の祟《たた》りはありませんか？」って悩んでいる人もいてね。

これもやっぱり、見ていて気分が悪いのなら処分したほうがいいよね。祟りがうんぬんって、だいたいその昔、中身を食べちゃった人がいるわけでしょ？（笑）

祟りなんて気にしない人にとってはなんでもないことだし、祟りがあると思うから怖くなるの。心配ないから、自分の好きなようにしていいですよ。

祟りの話が出たのでついでに言うとね、「道端のお地蔵さんは、長年いろんな人の悩みを聞いているので、負のエネルギーが溜まっていると聞きました。これは本当ですか？」という質問をされたことがあったんです。

あのね、自分が「お地蔵さんは波動が悪い」と思っているから、悪い波動にとらわれるのであって、そんなの濡れ衣《ぎぬ》だよ（笑）。お地蔵さんがかわいそうです。

お地蔵さんが人に悪さをするなんてありえないよ。もしそういうことがあるとしたら、道端のお地蔵さんはみんな取り払われるはずだけど、そうじゃないよね。ということは、ただの言いがかりなんだ。そういう悪い噂は信じなくていいですよ。

## 「親戚から義父母といつ同居するのかと何度も聞かれます」

長男と結婚した女性がいてね、義父母と別居しているんだけど、親戚の人たちが「いつ同居するんだ?」ってしきりに言ってきて困っていたの。

本人は、義父母と同居するのは嫌なんです。

だったら考える余地はないよ。**ハッキリ「一緒に住めません」って言えばいい。**

親戚や義父母に気を遣って同居しても、嫌なことを我慢している限り、うまくいくはずがありません。お互いのために、同居はやめておいたほうがいいと思います。

いったん同居しちゃうと、別居しなおすのは大変だからね。こういうところで押し切られちゃダメなの。自分の意志を貫いてください。

今はまだ、長男の嫁が親の面倒を見なきゃいけないっていう考えの人も残っているけど、あと10年もすれば、周りも考え方が変わるかもわかんない。

いつの時代も、新しい考え方の人はそうやって、周りからあれこれ口を出されるものなんだよね。そう思って、あまり気にしないことだよ。

もし周りのお節介にイライラするなら、誰もいない場所で、言いたい放題に吐き出しちゃえばいい。

「私は人の言うことを聞くために生まれてきたんじゃないんだよ。同居したけりゃ、あんたがしたらいい。指図される覚えはないよ！」って（笑）。

そういう強い波動があれば、親戚の人たちも、だんだん余計な口出しをしなくなってくると思いますよ。

# 5日目

# 自分の思いを人に伝える方法を教えてください

# 「自分らしく生きるのは何を基準にすればいいですか」

よく「自分らしく生きる」とか簡単に言いますが、この話はとんでもなく難しい話なんです。

まず、自分らしく生きるには「自分がなんなのか」ということを知らなきゃいけない。それで、これは信じる人と信じられない人がいるから、信じられる人だけ参考にしてくださいね。

私たちはみんな、神様の分け御霊《みたま》です。神様から魂を分けてもらい、その魂を持ってこの世に生まれてきた「神の子」なんだよね。

それと、神様は「大愛」と言って、ものすごく大きい愛なの。

ということは、その分け御霊である私たちも愛の存在だから、あらゆる基準が愛である。それが正しい道なんです。愛の存在だから、愛を基準にして生きるのがいちばん楽で幸せになる方法だし、それが本来の姿です。

つまり、自分の言葉や行動すべてに「愛があるか」ということ。

**愛を基準にして考えないと、自分らしく生きることは実感できないんだよね。**

もしあなたが何かに迷っているんだとしたら、そこに愛があるか考えてみるといいよ。自分が愛で行動しているか。愛のある言葉をしゃべっているだろうかって。

自分の言動を振り返ってみて、愛を基準に生きていると思うなら、それはあなたらしく生きているということになるからそのまま進めばいい。だけどそうじゃなければ、まずは愛のある生き方を考えたほうがいいよね。

じゃあ、愛が基準になっているかどうかを判断する方法は何かと言うと、「優しさ」なの。自分自身に優しくできているか否かです。

自分に優しくできる人は、ほかの人も自分と同じ愛の存在なんだということが当たり前にわかる。だから、人に対しても自分と同じように優しくできるんだよね。

つまり、あなたがいつも優しさで行動できていれば、それは愛が基準になっているということ。そうじゃなければ、自分らしく生きていないということになるんだ。

## 「自分には原因がないのに旦那から裏切られました」

人間は、肉体はいつか必ず死を迎えますが、魂は永遠に死ぬことができません。何度でも生まれ変わります。

その数々の人生のなかで、いろんな因果ができるんです。

因果と聞くと、悪い因縁や、罰を与えられるようなイメージがあるかもしれないけど、そうじゃないの。因果とは「原因があって結果がある」だけで、怖いことでも悪いことでもないんだよね。

自分のしたことが返ってくるだけ。ご褒美でも罰でもなくて、あなたの魂が成長するために因果があるんです。

その因果の観点で考えると、いろんなことの説明がつきます。

世の中には、「旦那（奥さん）に裏切られた」「子どもにひどいことをされた」みたいなことで悩む人がたくさんいます。

明確な理由や原因もないのに、ひどい目に遭うことがある。

それはどういうことかと言うと、前世や、その前の人生で、あなたが同じようなことを相手にしていた可能性があるの。その因果が巡って、今世では、あなたが前世でしたことを「される側」になっているわけです。

因果は、お互いの魂が成長して納得するまで解消されません。かわりばんこに、延々とやり合います。

でね、家族ってたいていソウルメイト（魂の仲間）なんだけど。

ソウルメイトとは、ずっと生まれ変わりをともにするのですが、今世はあなたが親でも、前世は子どもだったり、奥さんだったり、兄だったり……というように、生まれ変わるたびに立場は変わるんだよね。

それを楽しく経験しながら、お互いに魂を磨き合うんです。

だから本来は、「前世やられたから、今世ではその恨みを晴らしてやる」みたいな怨念なんてありません。じゃあ、なぜ因果が繰り返されるのかと言うと、**今世のあなたは、その問題で悩むことで成長する定めだからです。**

ただそれだけのことだから、あまり被害妄想に陥っちゃダメなの。

嫌なことをされたときは、「前世では、こんな気持ちにさせちゃったのか」「ごめんね、今世では発散してスッキリしな」って思ってあげたらいい。

それを、「なぜこんなことをするの？」「もうやめて」って相手の魂に寄り添わないから、いつまでも問題が解決しないんです。

## 「上の子にだけつらく当たってしまいます」

嫌な目に遭ったときは、「前世で自分が同じことをしちゃったんだね」って思えばいい。

ただしそれは、誰かに非があるとか、自己責任という話ではありません。その出来事はお互いの魂磨きのために起きているだけ。あなたにも相手にも罪はないんです。

あなたと相手は、同じ傷を持っているの。それを、お互いに「私はこの傷がある」ということを気づかせようとして、かわりばんこにやり合っているんだ。

もちろん、この世のすべての現象が因果の法則に当てはまるわけではありません。でもね、どう考えても説明がつかない現象が起きた場合は、たいていその裏側にあるのは因果なの。

因果のもつれって、長い人は10回くらい繰り返すんです。それでもまだ学びを得られず、今世でもまたやり合っているわけです。

そういう因果の長い相手とは、とにかく相性が悪い。相手の顔を見るだけで気分が悪くなるとか、腹が立ってしょうがないとか。

たとえば、同じ我が子でも「下の子はかわいくてしょうがないのに、なぜか上の子にはつらく当たってしまう」みたいなことがあります。

こういうのは論理的に説明するのが難しいのですが、因果の法則で考えると、簡単に説明がつく。おそらく、前世やそれ以前にできた因縁があるんだろうね。

で、それを解消することが今世の学びなの。

因果の問題は、一気に解決するのが難しいこともあります。

ただ、**「この因果を必ず解決するぞ」って気づくだけでも違ってくるんだよね。**

気づいた瞬間から確実に因果は消え始めるから、だんだん楽になっていくの。

あなたが因果の解消に挑戦し始めると、その波動で、相手も同じように因果の解消に乗り出します。だからもう、今以上に傷つけ合うことはなくなるんだ。

そう思って、因果とは気長に、気楽に向き合えばいい。

無理に今世だけで解決しようとせず、今世できなかったことは、また来世で続きに挑戦すればいいからね。

因果に気づいたあなたの魂は、今世、1段階も2段階も成長するよ。おめでとう。

## 「どうすれば笑いのネタが見つかりますか」

ある人から、こんなおもしろい相談があったのでご紹介します。

「お正月に〝今年は1日1回、自分や周りの人を笑わせよう〟と決意したところ、3日でネタ切れにしてしまい挫折しました。どうすれば一人さんみたいに笑いのネタが見つかるでしょうか？」

一人さんなんか、この質問で笑っちゃったんだよね。質問自体がネタだと思うけど、何が聞きたいんだろうって（笑）。

こういうことで悩んでいるってかわいいし、すごく幸せな人だよね。心配しなくても、この人はみんなに愛されているからだいじょうぶです。

ちなみに、この質問でいちばんおもしろかったのは「3日でネタが切れた」という部分なんだけど（笑）。ここに着目しないで「ネタがありません」と言っているくらいだから、日常生活のなかにたくさんあるネタを見過ごしているんだろうね。

それとね、この人が質問してきたのはお正月から10日が過ぎた頃だったのですが、10日も考えて笑いのネタが一つも出ない、というのも笑えるんです（笑）。

こういうちょっとしたネタを楽しく話せば、聞く人は爆笑だよ。

たいしたネタじゃないと思うかもしれないけど、楽しい人っていうのは、楽しい話し方をするんだよね。ちょっとしたネタでも、**楽しい話し方ができる人から聞くと、何十倍、何百倍もおもしろい話に変わる**からね。挑戦してみてください。

でね、「笑い話をしたのに、相手の顔が固まっていて申し訳ない」と思ったときは、ちゃんと自分が成長しているんだなと喜べばいいよ。

普通の人ってね、相手の顔が固まってても気づかないんです。でも、あなたはそれに気づけたし、相手につまらない思いをさせたんじゃないかと落ち込んでもいる。すごく人の気持ちがわかる、優しい人だよね。

相手の表情や気持ちに気づけるということは、第1段階はクリアしたの。だから、相手を笑顔にするという第2段階も、じきにクリアできるよ。

無理に相手を笑わせようとしなくても、あなたなら、そのうちに自然と相手は笑顔になる。そのままでだいじょうぶですからね。

## 「自分の思いを伝える方法を教えてください」

よく「自分の思いを相手にわかってもらうにはどう伝えたらいいですか？」と聞かれるんです。これね、まず根本的に多くの人が間違っているのは、相手に伝わったかどうかを「相手を自分の思い通りにする」という基準で考えているところなの。

相手には相手の考えがあるし、相手の都合もある。だから強制的にあなたの思いと同じようにさせることはできません。相手を自分の思い通りに動かすことも無理なの。

ただし、あなたの思いが相手にうまく伝われば、相手はあなたを「理解」してくれます。あなたの思い通りにはならないけど、自分と違う意見でも「そういう考え方もあるよね」と肯定してくれるんだよね。
大事なのは、うまく伝えて理解してもらうことなの。

自分の思いをわかって欲しいときには、まず、感じよく伝えること。自分の要求を是が非でも通そうとするのではなく、楽しく、感じのいい話し方をするといいよ。それで相手が話を聞いてくれないときは、何か聞きたくない理由があるんだよね。で、あなたも「聞きたくない人には聞いてもらえなくていい」というくらいの、軽い気持ちでいること。軽い気持ちじゃなきゃ相手は負担に感じるから、ますますこちらの話に耳を貸してくれなくなるんです。

一人さんはいつも一生懸命しゃべるけど、だからって、聞きたくなさそうな人に無理に聞かせようとは思わないよ。私の話に興味がなければ聞かなくていいし、聞きたい人は、聞きたい部分だけ聞いてくれたらいい。
私のお弟子さんですら、私がしゃべってるときに隣でご飯を食べたり、なかには寝てる人もいる（笑）。だけど私はそんなこと全然気にしないの。みんな自由でいいんだ。

だって、もし私が「俺の話を真面目に聞け！」なんて言えば、お弟子さんは苦しくなっちゃうでしょ？　そんなお師匠さん、すごく感じ悪いよね（笑）。

じゃあ、「これは大事な話だからみんなに聞いて欲しい」というときはどうするのかと言うと、みんなが聞きたくなるくらいおもしろく話すの。そこが力の見せどころなんだ。

人に話を聞いて欲しかったら、話を聞くよう強制するのではなく、相手が聞きたくなるようにおもしろく話さなきゃダメだよ。

もっといいのは、**相手にあなたを好きになってもらうこと**なの。

人間って自分の好きな人の話は聞きたいものだから、相手があなたのことを好きになれば、自然と話に耳を傾けてくれるようになるんです。

その反対に、いくら正しくても、嫌なやつの話は聞きたくないでしょ？　何を言われても心に響かないよね。

コンピュータは誰が使っても伝わる情報は同じだけど、人間の場合は、「誰が言うか」によって伝わり方が全然違ってくるんだ。

話を聞いてもらいたい相手には、まず自分のことを好きになってもらうこと。そのためには、自分を愛し、相手を愛することだよ。

## 「子どもに結婚を勧めているのに聞く耳を持ちません」

不幸が続く人って、嫌なことを人に勧めているんだよね。たとえば結婚にしても、いい夫婦関係を築けていない人ほど、子どもや周りの若い人なんかに結婚を勧める。

自分は結婚で嫌な思いをしているのに、なぜか我が子には結婚を強制する（笑）。それって、相手に重いものを無理やり背負わせているのと同じなんです。「あなたのためだから」と言いながら、相手を自分みたく不幸にさせようとしているだけだし、相手にしてみればただの嫌がらせに過ぎません。

**自分が心底「結婚はいいものだな」と思っているのならまだしも、そうじゃないなら、結婚を強制しちゃダメ**なの。そんなことをしていると、あなた自身もますます不幸になるからね。あなたのせいで不幸になる人を、ひとりでも減らしてください。

でね、こういうことに気づいて考え方を変えたら、あなたの結婚生活が急によくなったりするんです。現実が変わるよ。

それとね、「子どもがゲームばかりして困る」っていう親御さんも多いのですが、いっそのこと思い切りゲームさせてあげたらいいよ。そうだね……子どもが「1時間ゲームしたい」って言うのなら、その10倍の、10時間させたらいい。

だって考えてごらん。親のあなただって、もし同じような楽しいゲームが子ども時代にあったら、やっぱりハマッていたと思うよ。あなたの子と同じように、勉強そっちのけでゲームばかりしたんじゃないかな（笑）。ただ、昔はそこまで楽しいゲームがなかっただけの話で。

だから、まずは思い切りゲームをさせてあげな。

そのうえで、3カ月くらい経ったらこう言えばいいんです。

「いいお母さんのところに生まれたね。ほかのお母さんだったら、こうはいかないよ」

このひと言で、子どもに恩に着せる（笑）。それでうまくいきますよ。

## 「人が失敗したときどんな言葉をかければいいですか」

大切な人が失敗したとき、どのような言葉をかけたらいいか迷う人は多いと思います。だけど失敗って誰にでもあることだから、いちいち声をかけなくていいんです。

慰めようとする気遣いが、相手にとっては負担になることもあるしね。

第一、あなた自身がすぐ落ち込むタイプだったら、そういうあなたに声をかけられても、相手は余計に落ち込むだけだよ（笑）。すぐ落ち込む人に「元気出しなよ」なんて励まされても、言っちゃ悪いけど説得力がない（笑）。

人を心配するより、まずは落ち込まない自分になったほうがいいよね。

嫌なことがあれば、誰だって気分が悪くなります。落ち込んで当たり前です。そういうときに大事なのは、落ち込まないことじゃなく、ネガティブな感情にずるずる引きずり込まれないことです。「そういうこともあるよね」って気楽に考えられるかどうかなの。

じゃあ、どうすれば気楽に考えられるかというと、先にお伝えした**「なんとかなる」という言葉がいちばん**なんです。

人の表面意識を「我《が》」と言い、その奥には「神我《しんが》（真我）」と呼ばれる意識があります。神我とは、読んで字のごとく「神の我」。つまり「神の意識」だから、絶対に間違うことがありません。

神の子である私たちはみんな神我を持っているから、その神我に従えば、どんなピンチからでもやり直せるんだよね。神我はあなたの進むべき道を知っていて、あなたが何度失敗しようと、必ず軌道修正してくれます。

なんとかなるという言葉は、その神我につながる「おまじない」みたいなものでもあるんだ。

## 「上から目線で不快だとよく人から言われます」

魂が成長してくると、「こういうところは直したいな」っていう自分の弱点みたいなものが見えてきます。もっと愛を基準に生きようとか、好きなことをしようとか、我慢はやめようとか。

ではね、たとえば「人に対して上から目線になることがある」「自分だけが正しいと決めつけることがある」「傲慢になるときがある」みたいな気づきがあったとします。

こういうのを直したかったら、人を褒めるのがものすごく効果的なんです。

**誰でもいいから、毎日1人、何かいいところを見つけて褒めてごらん。**

それができたら1日2人にして、それもできたら3人……と増やしていくの。褒めて喜ばれることを、修行だと思ってやるんだよね。

1日3人褒めるのって大したことないと思うかもわかんないけど、毎日やり続けようと思うとけっこう大変だよ。ウソで褒めても、相手にはそれが伝わって嫌な気分にさせるだけだから、心から喜んでもらうためには本気で素敵なところを探さなきゃいけないしね。

だけど、人のいいところ探しに夢中になっていると「我」が消えるの。

上から目線の傲慢な人って、我が強すぎるんです。つまり、我を小さくすることで傲慢から卒業できる。

だったら、うんと人を褒めて我を小さくすればいいよね。人を褒めると相手にも好かれるし、一石二鳥《いっせきにちょう》なんだ。

## 「『地獄言葉』を聞くだけで波動が悪くなりますか」

世間には、ネガティブな言葉ばかり口にする人がいます。嫌な出来事や人の悪口、噂話……そんな話は聞きたくないけれど、事情があって、どうしても距離を置けないこともあると思います。

そうすると、「地獄言葉を耳にしただけで、自分の波動まで悪くなりますか？」って心配する人がいるんだけど、それが問題なの。波動が悪くなるんじゃないかと不安になった時点で、すでに波動が悪い（笑）。

相手の地獄言葉が問題なのではなく、地獄言葉を聞いて不安になることが、自分の波動を下げる原因なんです。わかるかい？

嫌な話を聞いても、それが自分の波動に影響しないように自分で自分の機嫌を取ること。地獄言葉は「どうぞ勝手に言ってくださいね～」って聞き流せばいいんだ。

**相手がどうあれ、あなたが人の悪口や愚痴を言わなければじゅうぶんだよ。**

それとね、以前、「家族が、友達から地獄言葉ばかり聞かされているようですが、何度言ってもその友達と会うのをやめません」と心配している人がいたんだけど。

こういう場合はどうしたらいいかというと、愛を持って見守るしかありません。本人にとっては、地獄言葉を言うような友達でも、いないよりはましなの。友達のいない寂しさのほうがつらいんだと思います。

あるいは、その友達から何か学ぶことがあって一緒にいるのかもしれません。

いずれにしても、今は温かい目で見てあげるしかないんだよね。

そのうち、本人が地獄言葉に耐えられなくなれば、自分からそういう友達と距離を置くようになる。だから心配せず、安心の波動で見守ってあげるといいですよ。

## 「高校生の娘に常にイライラしています」

ある人が、こんなことで悩んでいました。

「私は、高校生の娘にイライラすることがよくあります。たとえば、〝今朝は雨が降っているから車で送って〟と言われると、自分で自分のことをしない娘に苛立《いらだ》ち、冷たく断ってしまうのです……」

確かなことはわからないけど、この親御さんは多分、厳しい家庭に育ったんじゃないかな。子どもの頃、雨が降っていようがどうしようが、「自分のことは自分でしなさい」と甘えさせてもらえない家庭環境だったんだと思うよ。

だとしたら、自分がされたのと同じことを娘さんにしてしまうのもしょうがないよね。自分が経験していないことは、なかなか理解できないものだから。

でも、だからこそ娘さんはあなたに甘えるんです。

**親の愛を感じたかった。甘えたかった。**

あなたの心の奥にあるその感情を、娘さんが代わりに表現してくれているの。娘さんは、あなたの知らないことを経験させてくれようとしているんです。

子どもってね、親が送迎してくれるとか、身の回りのお世話をしてくれるとか、そういう些細《ささい》なことで愛を感じるんだよね。小さいことの端々で愛を感じ、その積み重ねで愛がどんどん深まっていく。

その小さいことを断られると、傷ついちゃうの。「うちの親は、こういう些細なことすら冷たく断る。私のことを愛してないのかな？」って疑問を感じるんです。

ドラマや映画では、しばしば大きなことで愛を表現します。重い病気にかかった子どもを親が寝ずに看病をするとか、子どもを助けるために親が犠牲になるとか。確かにそういう話は、親の愛が伝わりやすい。でもね、はっきり言ってそんな大きな出来事なんて滅多にないよ（笑）。

現実の世界は日常の積み重ねだから、小さなことのほうが大切なんです。

こういうのは親子に限った話じゃなく、人間関係すべてに通じるよね。

大災害やなんかが起きたときは、誰だって親切になれるし、助け合います。だけどそんな大きなことがしょっちゅう起きても困るし、実際に起きるものでもない。どんな人間関係だって、毎日の小さなことを大事にしなきゃいけないんだよね。

だから少しくらい面倒でも、雨の日は娘さんを車で送ってあげるといいよ。車中でいろんな話もできるし、やってみたら案外、楽しいんじゃないかな。

## 「年を取ってわがままになった親についい説教してしまいます」

年を取ると、心が頑《かたく》なになって、ものすごくわがままになる人がいます。

すると子どもたちは、年を取った親に説教をし始めるんだけど。

まず言いたいのは、みんな、お年寄りのことを勘違いしているんだよね。大人がさらに年を重ねると、お年寄りになると思っている人が多いんです。

だけどね、お年寄りって子どもと同じなの。年を取ると、子ども返りするんだよね。

**人間は、赤ちゃんから子どもになって、大人になってさらに年を重ねると、また子どもに戻っちゃうんです。**

そう思うと、理不尽でわがままなお年寄りを見ても、少しは納得できるんじゃやないかな？

お年寄りに対しては、３つの子どもみたいに接するといいの。何をしても、子どもだからしょうがないよねっていう気持ちで向き合ってあげること。

このときにすごくいいのが、「まぁいいか」という言葉なんだ。

間違ったことを言っているけど、まぁいいか。

粗相をしちゃったけど、まぁいいか。

乱暴で困るけど、まぁいいか。

すぐ忘れるけど、まぁいいか。

そうやってゆるしてあげな。まぁいいか、まぁいいかってゆるしの心を学ばないと、お年寄りとはうまくつき合えないんです。

自分の親のことを、幼子と同じように見るのは難しいかもしれないけどね、大人よりさらに上だと思うから、年を取った親の言動にいちいち腹が立つの。「大人のくせに、しっかりしろよ」って厳しくなっちゃうんだよね。

親のことを子どもと同じだと思っていると、たまにまともなことを言うだけで「お、うちの親はちゃんとしてるじゃん！」って喜べます。おかしなことを言っても笑って済ませられる。

みんな穏やかな気持ちでいられるんだよね。

だったら、そういう基準にひっ繰り返せばいいし、それくらい気楽な気持ちでいるとうまくいくんです。


親にできなくなったことは、あなたがしてあげたらいい。

親子関係に限った話じゃないけど、できないことは、できる人が代わりにしてあげたらいいだけのことなの。それでお互い楽になるんです。

親はね、これまで何十年とあなたのためにがんばってきたの。あなたに愛を注ぎ続けてくれたんだよね。

そろそろ、ちょっとくらい変なことも言わせてあげなよ。失敗したっていいじゃない。今度は、あなたが愛を返す番だよ。

## 「高齢の両親が文句ばかり言っていて目に余ります」

ある人から、親御さんのことでこんな相談をされたんです。

「私の両親はだいぶ高齢で、介護が必要な状態です。幸い、経済的には余裕があるものの、心は全然豊かではなく、家族やヘルパーさんに文句ばかり言います。暴言もひどいため、温かい目で見られなくなり、介護にも疲れてしまいました」

こういうケースもね、やっぱり「まぁいいか」なんだ。

経済的には豊かだけど、心が貧しい。と言うと大変なように思われがちですが、経済か心か、どちらかが豊かならそれでじゅうぶんだよ。すごくありがたいことです。

でね、だいぶ高齢なら、心はもう完全に幼子と同じかもわかんない。ということは、その状態であれこれ親御さんに望んでも難しいよね。

だとしたら、今あなたにできることは、自分を楽しませることだけだよ。

この質問から推測すると、**あなたは遊びが足りていないんだよね**。自分にものすごく我慢させている。

だからいちいち親の言動に傷つくし、イライラするの。「こんなに我慢して介護をしてあげているのに、なぜこんな目に遭わされるんだ」っていう苦しみでつらいんです。

それを解決するには、あなたが遊ぶしかない。もっと自分に楽しいことをさせてあげな。経済的に許されるなら、贅沢だってしたらいい。

そうすれば、だんだん親御さんのこともゆるせるようになるし、あなたの楽しい波動が親御さんに影響して、親御さんも少しずつ優しくなってくると思いますよ。

親御さんは、今世は最後にちょっとわがままになったけど、そのまま来世に引き継がれて、あなたを困らせるわけじゃないんです。来世ではまた立派な人になるから、心配しないで気楽に考えてくださいね。

# 6日目

# 一人さんはどんなふうに大金持ちになったんですか？

# 「自分の才能を簡単に見つける方法を教えてください」

よく「自分の才能を簡単に見つける方法はありますか？」と聞かれるのですが、これはもう、**自分の好きなことをやってみるしかないんです。**才能は好きなことをしているうちに見つかるもので、それ以外の簡単な方法はないんだよね。人に聞いて「あなたはこれが向いているよ」と言われても、実際にやってみたら違うことがある。というか、そういう推測は当たるほうが少ないんじゃないかな。

水泳が得意かどうかは、水に入ってはじめてわかります。野球に向いているかどうかを知りたければ、ボールを投げてみること。

向き不向きは、自分で経験しながら探すしかないんです。

恵美子さん（弟子の柴村恵美子さん）は歌がものすごくうまくて、２０１９年に、「AKINDO FIGHTER《あきんどファイター》」というラップをYouTubeで発表したの。これが大ヒットして、今、世界中で注目されているんだけど。

こういう才能だって、恵美子さんが歌ってみなきゃわからなかったことだよ。恵美子さんの顔を見ただけじゃ、歌がうまいかどうかなんてわかるわけがないよね（笑）。

仕事だって、やってみなきゃ好きかどうかもわかりません。頭で考えるより、ちょっとやってみたらいいんです。

筋のいい人は、やってみると全然違うの。素人にしてはすごくうまいから、2～3回やっただけで「才能がありそうだ」ってわかるんだよね。

なのに、やりもしないで「顔を見ただけで才能を見分ける方法はないだろうか？」なんて考えるから、逆に時間がかかるんです。顔で判断できれば時間がかからないように思うけど、そんなことをしていても一生わからないよ（笑）。

かけっこの速い人は、走ればわかる。やってみたら誰でもわかるの。

世の中はシンプルにできているんだから、難しく考えちゃダメなんだ。

## 「いじめられたとき、見返してやると思うのは間違いですか」

いじめを受けたりすると、「絶対見返してやる！」っていう反骨精神に近い感情で仕事や勉強に打ち込む人がいます。それで結果が出ることもあるし、自分が幸せになるための起爆剤になるのなら、見返したい気持ちがダメってことはないんだよね。ただ、一人さん的に言うと、それは100点ではないね。

いじめられたときは、わざわざ何かに打ち込んで相手を見返さなくても、その場でやり返しちゃえばいいんです。一人さんだったら、倍返しだね（笑）。嫌なことを言われたら、こっちもガツンと言い返せばいい。あなたをいじめるやつが出てきたら、その場で「やめてください」って言ったほうがいい。いつか見返してやるぞっていう気持ちでその場の苦しみを抑えても、あなたが我慢している限りいじめはなくならないから。

だったら、**「今度いじめてきたら倍返しだからな」**とかって強い気持ちでいるほうが、相手にその波動が伝わるから、よっぽど牽制《けんせい》になるんだよね。

もちろん、勉強や仕事に励むのが楽しかったら打ち込めばいい。楽しいことに夢中になるのはいいことだから、どんどんしたらいいよ。

ただ、そういう楽しいことを、嫌なやつを見返すためにする必要はありません。好きなことは自分のためにするものだし、ひいてはそれが社会の役に立って、みんなに喜ばれることなの。どうせなら、人に喜ばれることをバネにがんばったほうがいいし、そのほうがよっぽどうまくいくものだよ。

## 「授業中に勝手な言動をする生徒の対処法を教えてください」

小学校の先生をしている人から、「授業中に勝手な言動をする子をどう導いたらいいか」という質問を受けたことがあるんです。こういうのって本当に申し訳ないんだけど、私に相談するより、学校教育に詳しい人に聞いたほうがいいんだよね。事業家が経営の参考にするとしたら、松下幸之助《まつしたこうのすけ》さん（パナソニックの創業者）みたいな事業で大成した人がいい。それと同じように、教育のことで悩んでいるのなら、その道のプロである教育者に聞いたほうがいいんだよね。

畑違いの事業家に聞いたって、なかなかうまい答えは出ないと思います。プロの教育者といっても、別に有名な人じゃなくていいの。あなたの周りにも、うまくやっているプロの教育者がたくさんいると思うから、そういう人をお手本にすればいいんです。職場の先輩とかね。

そのうえで、一人さんから何かアドバイスができるとしたら、難しい問題をなんとかするのがプロだし、仕事は難しいからやりがいがあるんだよね。

**難しいことを、いかにゲームのように楽しく攻略するか。**これがポイントなの。そういう感覚なしに、ひたすら真面目に仕事をするから疲れちゃうんです。

どんな仕事でも、完璧な環境を与えられている人なんていません。誰だって、何かしら問題を抱えながら生きている。みんな大なり小なり、壁を乗り越えながら前に進んでいるんだよね。

その壁をどうやったら楽しく乗り越えられるか、肩の力を抜いて考えてごらん。

その先に、きっと自分に必要な答えが見つかると思いますよ。

## 「お客様のリピート率を上げる方法はありますか」

お店やなんかを経営している人は、お客さんのリピート率を上げるためにいろんな工夫をしていると思います。でね、みんなそれを難しい問題だと思っているんだけど、実はリピート率を上げるって意外と簡単なの。

ズバリ言いますが、リピーターが少ないお店って、「自分が客だったら絶対行かない」ことをしているんだよね。掃除が行き届いていないとか、店員の愛想が悪いとか、商品（味）が悪いとか。

そういう原因をなくせば、必ずお客さんはリピートしてくれるようになります。

もし、あなたのお店にリピーターがいないんだとしたら、「自分ですらリピートしたくない」のが、今のあなたのお店です。家族で月に1回食事に行くとしても、まず行かないのがあなたのお店だってことだよ（笑）。

お店を繁盛させたいのなら、難しい集客法なんかを考えるよりも、お客さんの身になって考えてごらん。

**私だったら、うちの商品をまた買いたいと思うだろうか。**

**私だったら、私みたいな店員にまた会いたいだろうか。**

そうやって、ひとつひとつ考えるの。

でね、こういうことって親しい人に意見を求めてもダメだよ。親しい人は愛があるから、あなたを傷つけるようなことは言わないからね。

誰かに聞くよりも、自分自身がいちばん厳しい目で見てごらん。

常にお客さんの立場になって、「私だったら、このお店にまた来たいかな？」って自分自身に問いかけるの。

そうやって気になったことがあれば、すぐに修正・改善すること。

これをちゃんと繰り返せば確実にリピーターは増えるはずだし、お店も繁盛するよ。

## 「一人さんはどんなふうに起業をしたんですか」

一人さんは小さい頃から体が弱くて、病気ばかりしていたんです。だから少しでも元気になりたくて、昔、自分のために青汁みたいなものを作って飲んでいたの。

そうしたら、「私にも分けて欲しい」という人が出てきて、最初は無料で差し上げていたんです。おたまですくってね（笑）。

そのうちに、タダでもらうのは悪いからって、みんながお金をくれるようになった。

これが、「銀座まるかん」という会社が生まれた経緯です。

**人に喜ばれることをしていたら、会社という形になった。**つまり、人に喜ばれることが先で、起業なんていう現実は後からついてきたんだよね。

それから、私はいつも「人間は考え方も大事なんだ」ということが頭にあって。人の心と体は繋《つな》がっているから、どちらかの調子が悪ければ、心身の健康は手に入らないでしょ？

こういう考え方は、今でこそ当たり前になっているけど、昔はそうじゃなかった。だから、サプリメントや化粧品を販売するときに、この考え方についてもみんなに教えたんです。

それがまたすごく喜ばれて、わざわざブラジルあたりから、テープレコーダーを持って一人さんの話を聞きに来る人まで出てきたんだよね。で、その録音テープを聞いた人がまた喜んでくれて、「一人さんの作ったものが欲しい」って商品を買ってくれるようになった。

私は今まで、商品を買ってくださいという営業は一度もしたことがありません。それなのに大勢の人がうちの商品を買ってくれるのは、人助けを先にしているからだよ。先に喜んでもらっているから、「こんな素敵な人の会社の商品だったら買ってみたい」と言ってもらえるんです。

人に喜ばれようともせず、ただ商品だけ売ろうっていうことは通らないの。それは今も昔も変わらないというか、これからの世の中は、ますますそうなると思います。だからうちの会社も、もっと人に喜ばれる会社にしていきたいんだ。

そもそも、人に喜ばれると自分も楽しいよね。だから喜ばれるというところから外れちゃうとダメなの。

どんな会社でもそう。人に喜ばれることを先に考えるんだよ。

## 「お客様へのサービスはポイントが重要ですか」

お客さんにサービスする話になると、みんなすぐ、ポイントやおまけをつけるとか、安売りを考えます。だけど、そういうサービスってタダじゃないんだよ。こういう誰でも考えつく安易な方法って、全部お金がかかるの。

値段を下げれば、確かにお客さんに喜ばれる。でもそれを続けていると、経営が圧迫されて自分が苦しくなるから、お金のかからないサービスでお客さんにきてもらうことを考えなきゃいけない。

といっても、難しいことをする必要はありません。従業員が笑顔で気持ちのいい接客をするとか、心配りが行き届いているとか、お客さんのいいところを褒めるとかね。

ちょっと考えただけでも、お客さんに喜ばれることってたくさんあるんだ。

じゃんじゃんポイントをサービスするお店って、たいてい従業員の顔に笑顔が足りないんです。ポイントに頼り切っているの。

水族館や遊園地みたくお金をかけた豪華なレストランが、閑古鳥が鳴いてるってこともよくある話です。魚や内装に頼っているお店って、1回で飽きられるから、リピーターになってもらえないんだよね。だからすぐ経営が傾いちゃうの。

もちろん、内装が豪華で、従業員のサービスやお店の雰囲気も最高のお店だったらお客さんに喜ばれて大繁盛するだろうけど、張りぼてのお店はお客さんにすぐ見破られるよ。

ディズニーランドのミッキーマウスを見てごらん。ものすごい笑顔でしょ？　あんなネズミは、どこを探してもいないよね（笑）。ドナルドダックだってさ、あんなに目が大きくてかわいいアヒルはいないない（笑）。

何が言いたいんですかって、**あなたの顔も最高の笑顔に変えなよって（笑）**。ネズミやアヒルですらあそこまで変わるの。あなたもがんばれば、別人みたく変われるよね。

芸能人だって、目の小さい子が一生懸命メイクして大きな目に見せて笑っている。それがすごくかわいいから、みんな応援したくなるんだよね。

ポイントなんて配らなくても、お客さんがひっきりなしに会いに来てくれるミッキーマウスや芸能人を見習って、自分を改善してごらん。すごく喜ばれるから。

ポイントをつけよう、おまけをつけよう、値引きしようっていうサービスしか思いつかない人は、自分の顔に頼っていないの。心に頼ってない。愛に頼ってない。で、それが恥ずかしいことだって気づいていないんです。

女性だってさ、惚《ほ》れた男がいるのに、ポイント欲しさによその男になびくかい？（笑）

最初はついふらふら行ったとしても、やっぱり人間の魅力に勝てるものはないから、最後は惚れた男のもとに絶対戻ってくるよ。

魅力があればポイントや値引きに負けることはない。絶対に勝てるんだ。

## 「仕事をするうえで目指すべきことはなんでしょう」

仕事ってね、社長も会社員も関係なくて、とにかく喜ばれる存在になることを目指さなきゃいけないの。

会社員だったら、同僚や上司、会社に喜ばれる従業員になること。社長だったら、従業員やお客さんに喜ばれる会社を作ること。その追求なんです。

上には上があるから、「ここまでやればおしまい」ということはないんだよね。

生きていれば、うまくいかないときもあるし、嫌なことだってある。だけど、愚痴や泣き言を言わず、「いろいろあって当たり前」って笑いながら乗り越えるの。落ち込んでばかりいても人に喜ばれないし、自分の波動を下げるだけで、いいことなんて一つもないからね。

そうやって喜ばれることが成功の道で、そこから外れない限り絶対うまくいくんです。線路をどんどん進めば目的地の駅に着くように、喜ばれることを先にすれば、必ず成功という目的地にたどり着けます。

**喜ばれる人間になる、喜ばれる商売をする、喜ばれる社長になる。**

そこを踏み外さないように進めば、間違いなく幸せになれるよ。喜ばれながら暇になる店はないし、喜ばれながら潰れる会社もないんだ。

超一流のホテルやレストランって、ものすごく高いよね。だけど、たくさんのお客さんに喜ばれています。それはなぜかと言うと、「よそより高くてもここがいい」という魅力にあふれているからです。

高くてもあそこで買いたい、遠くてもいいからあなたから買いたい。

そう言われるくらい、とことん自分を磨いてごらん。もっと笑顔を磨いてごらん。そうすれば、どんな高級店でもお客さんはひっきりなしに来てくれるからね。

保険やなんかの営業だって、どうせだったらいい人に仲介して欲しいよね。だったら、お客さんが思わずほかの人に紹介したくなるような、喜ばれる営業マンになればいいんです。

あなたが最高に魅力的な人だったら、お客さんが勝手に「絶対あの人から買ったほうがいいよ」って口コミで広げてくれるからね。

## 「経営が苦しいのですが今ががんばりどきだと思っています」

会社の経営が苦しくなっても、今ががんばりどきだとか言って、廃業の選択ができない人がいます。せっかくこれまでがんばってきたのに、今やめたらもったいないとか考えちゃうんだよね。

だけど苦しくなってからがんばっても、売り上げをいきなり増やすことは難しいんです。お客さんって、そう簡単に増えないの。

という意味では、赤字のままずるずる続けても損失は膨らむばかりだから、いったん会社を閉じたほうがいいという考え方もあるんです。

**引き際ってすごく大事なんだ。**

経営が苦しくても、なんとかしなきゃいけないのが経営者です。だけど、それでもどうにもならないことがある。そういうときは、潔くやめるという決断も経営者の仕事なんです。

ストリッパーは、躊躇《ちゅうちょ》せず裸にならなきゃいけないでしょ？「私は寒がりだから、ももひきを履いて踊ります」っていうのは通らないよね（笑）。

それと同じで、どうにもならないときに躊躇している場合じゃない。サッと身を引き、いったん勤め人になって再起を図る。というやり方じゃなきゃ、従業員まで巻き込んだりして、みんなの人生を狂わせてしまいます。

お金が儲からないことは、仕事とは言えません。仕事にするんだったら、お金儲けをいちばんに考えなきゃいけないんだ。

事業を拡大するときなんかも、儲かっていないのなら絶対に手を広げてはいけません。

儲けのないお店は、10軒やっても100軒やっても儲からないよ。「0×100＝0」という簡単な数式なんです。水の出ない井戸を何本掘っても、水は一滴も出ない。

というか、事業を広げると経費がかさむから、むしろマイナスになるよね。損をするだけなんです。

手を広げるときは、絶対に、最初のお店でしっかり利益が出るところまで成功させること。今のお店で、徹底的にお客さんに喜んでもらうことを考えるんだよ。

## 「起業のためには今の仕事はスパッとやめるべきでしょうか」

起業するときは、とにかく少しでも出費を減らす方法を考えなきゃいけません。どうすれば借金しないで済むか頭を使うこと。借金するにしても、それを最低限に抑えるために、知恵を絞って絞って経費を減らすんだよ。

それとね、できれば最初は今の仕事をやめないで、副業としてスタートするのがいいと思います。**お金にならないうちは、仕事じゃなくて趣味なの。**

だから、新しい事業で食べていけるようになるまでは、今の収入源を大事にして、誇りを持って励むこと。仕事と趣味（儲からない仕事）の区別はきちんとつけなきゃいけないんだ。

副業は、本業が休みの日や、毎日仕事が終わったあとの時間だけを使ってがんばればいい。それでうまくいってから本業をやめても、じゅうぶん間に合うからね。

うまくいくかどうかわからないことにいきなり人生賭けちゃうと、失敗したときにダメージが大きいんです。家族の生活を守れなくなることもある。

それに、もし新しい事業がうまくいかなくても、本業の収入があれば、あまり執着せずやめられます。

**最初は、慎重すぎるくらいでちょうどいいんだ。**

それとね、旦那が起業したいと言い出したときは、奥さんがしっかり見込みのある商売か見極めたほうがいいですよ。「この旦那を本当に信じていいだろうか」「商売に向いている人だろうか」「無茶をしていないだろうか」って、奥さんが徹底的に考えるの。

で、もし信用に値しない場合は、絶対に独立なんかさせちゃダメです。張り倒してでも止めることだよ（笑）。それでも言うことを聞かないときは、離婚すればいい。

実際に離婚するかどうかは別として、それくらいの覚悟で止めなきゃ、相手もあなたの話は聞かないからね。

起業は、決して難しいことではありません。だけど、がんばりさえすれば誰でも成功するものでもない。経営者に向かない人が起業しても、うまくいかず借金だけが残ることだってあるんだよね。

体の弱い人がプロレスラーになるのは無謀なように、起業にも向き不向きがある。

だから、奥さんの立場で見て、「どう考えてもこの人に会社経営は無理だ」と思うときは、家族を守るために命がけで止めてください。それが愛情だよ。

## 「従業員がやめたら売り上げが急激に落ち込みました」

あるラーメン屋さんが、こんなことで悩んでいました。

「従業員がお店をやめたところ、売り上げが急激に落ち込んで困っています」

一人さんも長いこと商売をしているのでわかるのですが、うまくいかない会社って、従業員に対する感謝とか、お客さんに対する感謝が足りないんだよね。口では感謝していると言ってても、それが相手に伝わっていないんです。

従業員から「どうしてもここで働きたい」と言われ、お客さんから「このお店にまた行きたい」と思ってもらえる。そういうお店だったら、絶対にお店は繁盛します。

それには、感謝の心がなきゃダメなの。

従業員に感謝して大切にすれば、従業員から喜ばれるお店になる。

お客さんに感謝して大切にすれば、お客さんから喜ばれるお店になる。

喜ばれるお店だから繁盛するのであって、喜ばれないものは何をしても存続できません。

**感謝を表に出してごらん。**愛を込めて、心を込めて従業員やお客さんを大切にしてごらん。喜ばれることを追求すれば、必ずお店は繁盛するから。というか人間って、そもそも喜ばれる存在になりたいものなんです。それが生きる最大の目的なの。そういう法則があるんだよね。

その目的から外れると苦しくなるから、結局、喜ばれる人間になるしかないんだ。

そういう意味では、商売って最高の修行かもしれないね。

山奥のお寺で3年修行するより、1年商売するほうが修行になるくらい、商売って心持ち一つで結果が違ってくるから。

## 「フランチャイズで塾を経営していますが儲かりません」

フランチャイズで塾を経営している女性から、「休みなく働いているのに儲《もう》からず、かといって生徒を増やせるほど時間的な余裕もない」という質問をいただいたことがあります。こういう問題はいろんな答えがあるから、一人さんの意見だけが正しいわけじゃないという前提でお伝えしますね。

私だったら、そのフランチャイズをやめて、自分でやりがいのある塾をやると思います。フランチャイズだとしても、これまでずっと塾を経営してきたわけだから、独立してもやっていけるだけのスキルはあると思います。

で、独立するのは難しいと判断したときは、今のフランチャイズに加盟したまま、文句を言わずにできることをします。やるからには、笑顔で楽しむ。

このどちらかだよね。ここぞというときには、決める覚悟が必要なんです。

といっても、「生きるか死ぬか」みたいな切羽詰まった覚悟をしろと言っているわけじゃない。そんな深刻で重い覚悟ではなく、気楽な、軽い覚悟でいいんだ。

「独立するのとフランチャイズで続けるのと、私はどちらが楽しめるかな？」

そう考えてごらん。

**楽しいほうが正解の道だから、自分で楽しいほうを選べば必ずうまくいくよ。**楽しい道なら、成功するまで楽しくがんばれるからね。

もしダメでも、そのときはまた方向転換すればいいだけです。気楽に考えていたら、ちゃんと気楽でいられる現実になるからだいじょうぶだよ。

## 「親の遺産を継いで豊かに暮らしている人が許せません」

人は、お金持ちの家に生まれることもあれば、貧しい家庭に育つこともある。一生懸命働いているのに思うような豊かさが手に入らない人がいるいっぽう、ろくに働かないのに親のおかげで豊かな人もいる。

こういう違いに不条理を感じるかもしれないけど、目の前で起きている現象って、今世だけじゃなく、前世やそれ以前に自分が作ってきた因果だとか、いろんな背景があるんだよね。決して不条理なことではないの。

といっても、今苦労している人は、なんの努力もなく豊かな人に対して妬む気持ちが湧くこともあると思います。

でもね、それもまたあなたの学びなの。今世、自分が与えられた環境のなかでどう幸せに生きるかっていう学びなんです。

今世、あなたは自分にいちばんいいと思う環境に生まれてきました。「こんな環境は望んでない」と思う人でも、あなたの魂がそれを望んだの。

あなたに必要な学びをもたらしてくれるからこそ、その環境が与えられている。

**人を妬んでも、恨んでも、人生が変わるわけじゃない。それよりも学ぶことだよ。**

一人さんは昔から、「お金の修行は2つある」と言ってきました。

**①お金があってもいばらない**

**②お金がなくても妬まない。いじけない**

この2つのうち、①のほうは比較的ラクにできるんです。

だけどね、②は本当に難しい。魂が未熟な人には挑戦できないほど高度な修行だから、そもそもこういう現実が目の前にあるということは、そのこと自体、あなたの魂はすでにレベルが高いという証拠なんだよね。

そう思って、お金がなくても妬んだりいじけたりしないという修行に取り組んでごらん。それをクリアしたときには、驚くような景色が広がっているはずだよ。想像もつかないほど、魂が向上するからね。

# おわりに

昔から、世界は「いいとき」と「悪いとき」を繰り返してきました。

だけど確かなことは、どんなに悪い状況に見えても必ず終わりがあるし、その後には、悪くなる前の何倍もいい時代が来ます。

歴史を見ると、この世界はそういう波を繰り返しながらよくなっていることがはっきりしているんだ。


悪いときには、底なし沼をどこまでも沈んでいくような気がするかもしれない。

でもね、不安な気持ちがそう思わせているだけで、真実は違います。

間違いなく、世界はこれから大きく飛躍するよ。

そう思って安心しな。

そして、**まずはあなたから幸せになってください。**

一人さんに「一人道」があるように、あなたにも、あなたが最高に幸せになるための「自分道」があります。

それを見つけられるよう、一人さんはいつも応援しています。

さいとうひとり

## 斎藤一人さんとお弟子さんなどのウェブ

# 斎藤一人さん公式ブログ

**https://ameblo.jp/saitou-hitori-official**

一人さんが毎日あなたのために、ついてる言葉を、日替わりで載せてくれています。ぜひ、遊びにきてくださいね。

# 斎藤一人さんTwitter

**https://twitter.com/O4Wr8uAizHerEWj**

右のQRコードを読み込むか、
下のURLからアクセスできます。
ぜひフォローしてください。

| | |
|---|---|
| **柴村恵美子さんのブログ** ……… | https://ameblo.jp/tuiteru-emiko/ |
| **ホームページ** ……………… | https://emikoshibamura.ai/ |
| **舛岡はなゑさんのClubhouse** …… | https://www.joinclubhouse.com/event/xkarv0Dm |
| **公式ブログ** ………………… | https://ameblo.jp/hitori-myoudai-hana/ |
| **インスタグラム** ………… | https://www.instagram.com/masuoka_hanae/?hl=ja |
| **YouTube** ……………… | https://www.youtube.com/channel/UCW0yCWYcWWbP4tq6_qW0QAA |
| **みっちゃん先生のブログ** ……… | https://ameblo.jp/genbu-m4900/ |
| **インスタグラム** ………… | https://www.instagram.com/mitsuchiyan_4900/?hl=ja |
| **宮本真由美さんのブログ** ……… | https://ameblo.jp/mm4900/ |
| **千葉純一さんのブログ** ……… | https://ameblo.jp/chiba4900/ |
| **遠藤忠夫さんのブログ** ……… | https://ameblo.jp/ukon-azuki/ |
| **宇野信行さんのブログ** ……… | https://ameblo.jp/nobuyuki4499/ |
| **尾形幸弘さんのブログ** ……… | https://ameblo.jp/mukarayu-ogata/ |

一人さんファンなら、一生に一度はやってみたい

# 「八《はち》大《だい》龍《りゆう》王《おう》参り」

ハンコを10個集める楽しいお参りです。
10個集めるのに約7分でできます。

無料

**場 所：一人さんファンクラブ**

ＪＲ新小岩駅南口アーケード街徒歩３分
年中無休（開店時間10:00~19:00）
東京都葛飾区新小岩1-54-5　03-3654-4949

**斎藤一人 銀座まるかん オフィスはなゑ**

一人さんファンクラブから徒歩30秒
祝祭日休み（開店時間10:00~19:00）
東京都江戸川区松島3-15-7
ファミーユ冨士久ビル1F　03-5879-4925

金運祈願　恋愛祈願　就職祈願　合格祈願　健康祈願　商売繁盛

# 一人さんが
# すばらしい波動を
# 入れてくださった絵が、
# 宮城県の
# 定義山《じょうぎさん》 西方寺《さいほうじ》に
# 飾られています。

仙台市青葉区大倉字上下1
Kids' Space 龍の間

**勢至菩薩様は
みっちゃん先生の
イメージ**

聡明に物事を判断し、冷静に考える力、智慧と優しさをイメージです。寄り添う龍は、「緑龍」になります。地球に根を張る樹木のように、その地を守り、成長、発展を手助けしてくれる龍のイメージで描かれています。

**阿弥陀如来様は
一人さんの
イメージ**

海のようにすべてを受け入れる深い愛と、すべてを浄化して癒すというイメージです。また、阿弥陀様は海を渡られて来たということでこのような絵になりました。寄り添う龍は、豊かさを運んでくださる「八大龍王様」です。

**観音菩薩様は
はなゑさんの
イメージ**

慈悲深く力強くもある優しい愛で人々を救ってくださるイメージです。寄り添う龍は、あふれる愛と生きる力強さ、エネルギーのある「桃龍」になります。愛を与える力、誕生、感謝の心を運んでくれる龍です。

**斎藤一人**（さいとう・ひとり）

実業家・「銀座まるかん」（日本漢方研究所）の創設者。

1993年以来、毎年、全国高額納税者番付（総合）10位以内にただひとり連続ランクインし、2003年には累計納税額で日本一になる。土地売却や株式公開などによる高額納税者が多いなか、納税額はすべて事業所得によるものという異色の存在として注目される。

著書に、『斎藤一人 神的 まぁいいか』『斎藤一人 龍が味方する生き方』（舛岡はなゑさんとの共著）『斎藤一人 絶対、なんとかなる！』『斎藤一人 俺の人生』『普通はつらいよ』『斎藤一人 世界一ものスゴい成功法則』（以上、マキノ出版）などがある。

# 斎藤一人 一人道《ひとりどう》

**あなたへ贈る72のアドバイス**

2021年5月13日　第1刷発行

著　者　斎藤一人
発行人　室橋一彦
編集人　髙畑 圭
発行所　株式会社マキノ出版
https://www.makino-g. jp
〒101-0062
東京都千代田区神田駿河台2-9
KDX御茶ノ水ビル3階
電話　書籍編集部　03-3233-7822
販売部　03-3233-7816
印刷・製本所　大日本印刷株式会社

ISBN　978-4-8376-1393-0